ÉCONOMIE DE L'ÉNERGIE

Sophie Méritet
Jean-Baptiste Vaujour

ÉCONOMIE DE L'ÉNERGIE

DUNOD

DANGER

LE PHOTOCOPILLAGE TUE LE LIVRE

11 rue Paul Bert, 92240 Malakoff
www.dunod.com

ISBN 978-2-10-073793-2

Pour Chaimaa, lumière de ma vie.
Pour Bruno, avec qui tout est possible…

Sommaire

Chapitre 5
Les défis du futur

Remerciements

Nous remercions chaleureusement nos collègues, Louise Rousseau, Théo Bourrelier, nos relecteurs et les membres du Centre de Géopolitique de l'Énergie et des Matières Premières (CGEMP) de l'université Paris-Dauphine pour leurs commentaires constructifs, ainsi que nos étudiants du Master Affaires Publiques, filière énergie, de Sciences Po Paris pour leur enthousiasme et les discussions animées.

Introduction

Le secteur de l'énergie est hautement stratégique et se situe aujourd'hui au cœur de nombreux débats, tant au niveau de l'Union européenne que de ses États membres. L'ouverture à la concurrence, la sécurité d'approvisionnement, la régulation sectorielle européenne, l'amélioration de l'efficacité énergétique, les stratégies des acteurs de l'oligopole électro-gazier, les contraintes environnementales sont autant de sujets discutés. En 20 ans peu d'industries ont connu une mutation comparable à celle que connaissent les différents secteurs de l'énergie : pétrole, gaz naturel, charbon, électricité, nucléaire, renouvelables... Les changements technologiques, les rapports de force entre les pays, le comportement des acteurs, les décisions politiques mettant le marché au cœur de toutes les réformes, sont autant de déterminants qui ont bouleversé les fondamentaux de ces activités.

Différentes approches existent pour étudier les industries de l'énergie et leurs complexités : des analyses par matières premières, selon les régions, en fonction des secteurs consommateurs, selon les instruments politiques... L'économie de l'énergie combine ces approches et apporte des outils et concepts issus de la microéconomie et de l'économie industrielle. Les problématiques énergétiques sont alors analysées sous leurs angles économiques.

L'objectif de cet ouvrage est d'introduire les principaux concepts, outils et questions actuelles en économie de l'énergie particulièrement dans l'Union européenne. Le débat sur une politique énergétique commune en Europe, sur sa nécessité et sa mise en œuvre est ouvert depuis plusieurs décennies. L'énergie est présente dès le début de la construction européenne avec la création de la Communauté européenne du charbon et de l'acier (CECA, 1951). Au-delà du besoin économique de relance de la production de deux matières premières indispensables, l'objectif de la CECA était de permettre aux pays européens de s'unir et à l'Europe de se reconstruire et restaurer sa place. Sa mission, décrite à l'article 2, était de « contribuer à l'expansion de l'économie, le développement de l'emploi et l'amélioration du niveau de vie moyen » des citoyens.

Les discussions sur une politique énergétique commune pour créer une « Union de l'Énergie » sont aujourd'hui relancées par les tensions sur les marchés de l'énergie et la nécessaire protection de l'environnement. Mais l'équation à résoudre est devenue complexe : alimenter l'Union européenne en énergie sans rupture d'approvisionnement, à un prix abordable, constituant un élément fort de compétitivité, tout en parvenant à réduire les émissions de gaz à effet de serre. Ces trois mots clés représentent le trilemme de la politique énergétique européenne : sécurité d'approvisionnement, compétitivité et changement climatique. Il est très difficile d'équilibrer ces trois objectifs car ils apparaissent de plus en plus en contradiction. Par exemple, la protection de l'environnement peut augmenter les coûts de production de l'énergie entraînant une perte de compétitivité des entreprises et une hausse de la précarité pour les consommateurs résidentiels.

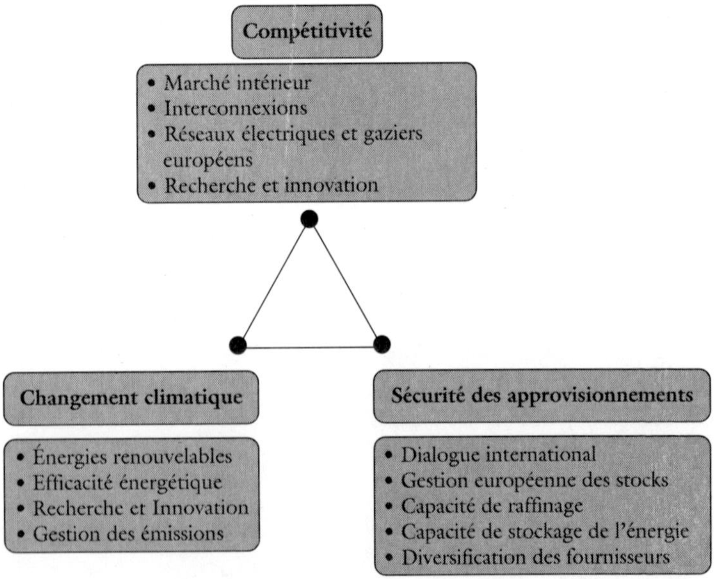

Figure – **Triple défi de la politique énergétique européenne**

Dans un contexte défavorable, la dépendance européenne vis-à-vis des ressources énergétiques importées est croissante. Les secteurs de l'énergie sont entrés dans une période de turbulence et de sécurité d'approvisionnement. L'ampleur des risques et des incertitudes qui pèse sur la situation énergétique européenne et son évolution obligent à penser une stratégie commune dans le long terme.

Cet ouvrage se divise en cinq chapitres :

– Le chapitre 1 présente les fondamentaux économiques et techniques de l'énergie, à savoir des définitions claires et partagées avec un éclairage historique indispensable pour comprendre la situation actuelle ;

– Le chapitre 2 est centré sur l'intervention de la puissance publique, toujours significative dans le monde de l'énergie malgré les réformes avec l'introduction de la concurrence. Aujourd'hui, le rôle de l'État porte principalement sur deux dimensions fondamentales : piloter le bouquet énergétique du pays et rechercher la sécurité d'approvisionnements ;

– Le chapitre 3 est consacré à la transformation des industries du gaz et de l'électricité qui ont vu leurs organisations bouleversées fondamentalement : de monopoles verticalement intégrés à des entreprises gérant des activités concurrentielles et réglementées. Ces modifications d'organisation ont pour objectif de protéger les intérêts des consommateurs, privés et industriels, en cherchant notamment à obtenir un approvisionnement sûr en énergie à moindre coût ;

– Le chapitre 4 se focalise sur le lien désormais indissociable entre énergie et climat : le secteur de l'énergie est en effet un des principaux contributeurs au réchauffement climatique et un processus long et complexe de négociation internationales tente d'y apporter des solutions tandis que des initiatives européennes, ou nationales, tentent de développer des réponses viables sur les plans techniques et économiques ;

– Le chapitre 5 propose une analyse des défis liés à l'innovation qui a toujours joué un rôle central dans les industries de l'énergie. Aujourd'hui, les défis environnementaux et énergétiques se multiplient et appellent des réponses où l'innovation joue un rôle clé. Il introduit également les défis, colossaux, liés à la pauvreté et à la précarité énergétique dont la résorption fait partie des priorités essentielles au niveau mondial.

Chapitre 1

Les fondamentaux

Derrière le concept générique « d'énergie » se cache une réalité très diversifiée : peu de points communs en effet entre un gisement de pétrole au large du Brésil et le panneau solaire d'un fermier dans la Creuse. Ils participent pourtant tous deux à un système complexe, s'étendant à l'échelle planétaire. Face à la profusion des objets et à la complexité des débats, un recours à des définitions claires et partagées et un éclairage historique et technique sont indispensables pour comprendre la situation énergétique actuelle.

I Nature du bien énergie

1. Définitions

L'énergie dans son origine grecque signifie « force en action ». Elle est définie en physique comme la capacité d'un système à modifier un état, à produire un travail entraînant un mouvement, un rayonnement électromagnétique ou de la chaleur. Après sa propre force et celle des animaux, l'homme a appris à exploiter les énergies contenues dans la nature. Puis, l'énergie fournie par l'usage d'un carburant a permis un emploi croissant de machines.

La consommation d'énergie est un moyen pour satisfaire certains besoins humains qui évoluent dans le temps en quantité et qualité. Ces besoins sont liés à la force motrice pour le transport, à la chaleur, à l'éclairage, à des matières premières nécessaires pour des processus industriels… Pour répondre à ces besoins, différentes sources d'énergie sont utilisées et souvent mises en concurrence pour minimiser les coûts (cf. tableau 5 en annexe).

Les sources d'énergie peuvent être classées selon différents critères dont :

– Renouvelables ou non renouvelables : ce qualificatif dépend de la perception du critère d'« épuisabilité » de la ressource (à l'échelle humaine). Une énergie renouvelable est considérée comme inépuisable (comme le soleil ou le vent) contrairement à l'énergie non renouvelable, épuisable, c'est-à-dire dont le stock est fini (comme le charbon ou le pétrole) ;

– Conventionnelles et non conventionnelles : les méthodes d'extraction définissent cette différenciation avec des techniques adaptées à des conditions d'exploitation plus compliquées pour les ressources non conventionnelles (comme la fracturation hydraulique) ;

– Commerciales et non commerciales : ce critère dépend de l'objectif de l'acheteur, consommation ou revente.

EXEMPLE

Les ressources non conventionnelles

Le caractère « non conventionnel » des hydrocarbures produits actuellement notamment aux États-Unis est lié au mode d'exploitation et non à la nature chimique. Ces ressources nécessitent des techniques plus sophistiquées donc plus coûteuses pour être récupérées. Parmi ces ressources non conventionnelles :

– Le « shale gaz » ou « gaz de schiste » (appelé gaz de roche-mère) a pour particularité d'être resté piégé dans les porosités de la roche imperméable où il s'est formé. Contrairement au gaz naturel conventionnel qui est retenu dans une roche perméable permettant une exploitation facile, le gaz de schiste est piégé dans les porosités d'une roche rendue imperméable par l'argile qu'elle contient. Les « huiles de schiste » sont du pétrole également piégé dans la roche-mère ;

– Le « tight gas », ou « gaz compact », comme le « tight oil » ou « huiles de réservoirs compact », a migré de la roche-mère et a été piégé dans des réservoirs ultra-compacts dont la porosité et la perméabilité sont très faibles ;

– Le « Coal Bed Methane » ou « gaz de charbon » (ou gaz de houille) est du méthane récupéré à partir des veines de charbon ;

– L'hydrate de méthane est un composé organique naturellement présent dans les fonds marins, sur certains talus continentaux, ainsi que dans le permafrost des régions polaires.

Dans le processus de consommation de l'énergie, différentes étapes existent :

– L'énergie primaire correspond à la quantité d'énergie libre captée par l'homme dans la nature. Elle comprend le pétrole, le charbon, le gaz naturel, l'uranium, l'eau, le vent et le solaire (qui par exemple peuvent être convertis directement en électricité).

– L'énergie secondaire est issue de transformations d'énergies primaires effectuées par l'homme (l'électricité obtenue à partir de la combustion du charbon, l'essence obtenue après raffinage du pétrole…). Elle correspond à l'énergie primaire moins les pertes de conversion.

– L'énergie livrée est la quantité d'énergie secondaire moins les pertes liées au transport.

– L'énergie finale correspond à la quantité d'énergie livrée effectivement consommée (électricité, produits pétroliers…).

– L'énergie utilisée représente la forme sous laquelle l'énergie satisfait un besoin final (la chaleur, la lumière…). Elle se déduit de l'énergie finale compte tenu des pertes de l'appareil de transformation finale.

Avec des tableaux simples indiquant le montant des énergies primaires entrantes et les pertes de conversion et de transport, la quantité d'énergie finale révèle l'efficacité des systèmes énergétiques. Aux États-Unis, en 2013, l'énergie utilisée représentait 39 % de la totalité de l'énergie primaire injectée dans le système contre 60 % en France. La moyenne mondiale est de 35 % de l'énergie primaire qui est utilisée (donnée Agence Internationale de l'Énergie AIE (2014b)).

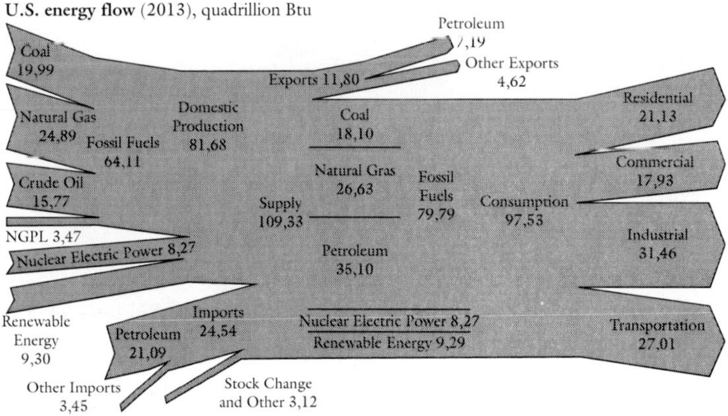

Source : Agence Internationale de l'Énergie, 2014

Figure 1.1 – Diagramme énergétique des États-Unis en 2013

2. Bilans énergétiques

Pour une zone géographique donnée et une année donnée, un bilan énergétique présente la décomposition de la consommation totale par source d'énergie et par utilisation. La structure du bilan énergétique mondial actuel est le résultat historique de 150 années de croissance rapide de la consommation mondiale en combustibles fossiles pour alimenter la croissance économique et démographique. Le bilan énergétique mondial souligne une situation énergétique très carbonée avec la domination à plus de 80 % des énergies fossiles dans les consommations d'énergie primaire : 32 % pour le pétrole, 29 % pour le charbon, 21 % pour le gaz naturel (cf. tableau 1 en annexe). Les combustibles fossiles sont, par définition, non renouvelables et polluants, notamment en termes d'émissions de gaz à effet de serre (à des degrés divers). Bien que la contribution des énergies fossiles au bilan global se soit réduite principalement au profit de l'électricité depuis 1973 leur rôle reste primordial. Malgré les efforts qui ont été faits depuis le premier choc pétrolier, les énergies renouvelables et non polluantes pèsent bien peu dans le bilan (cf. tableau 6 en annexe).

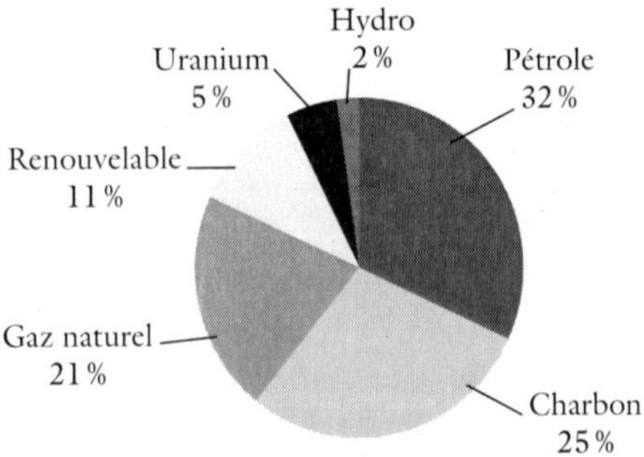

Source : Agence Internationale de l'Énergie, 2014

Figure 1.2 – **Consommations d'énergie primaire dans le monde en 2014**

Ces bilans énergétiques peuvent être réalisés sur plusieurs années pour le monde ou pour un pays, aussi bien au niveau des énergies primaires que secondaires (avec l'exemple du bilan électrique). Au-delà de l'image procurée par un bilan, deux questions sont soulevées :

celle de la dépendance énergétique, c'est-à-dire la part des importations dans les consommations domestiques, et celle des émissions de gaz à effet de serre.

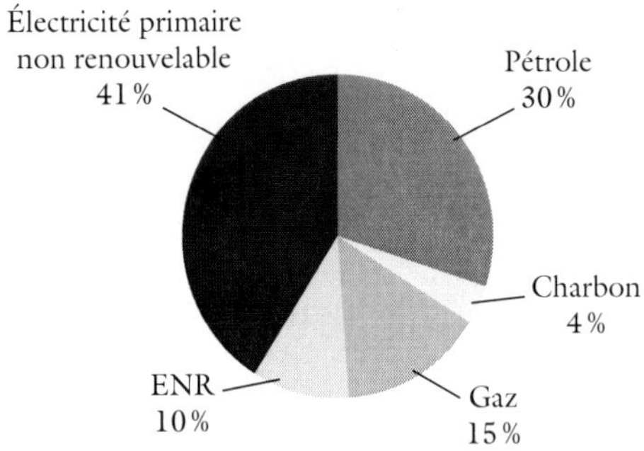

Source : Chiffres clés de l'énergie, Commissariat général au développement durable (2014)

Figure 1.3 – Bilan énergétique de la France en 2014

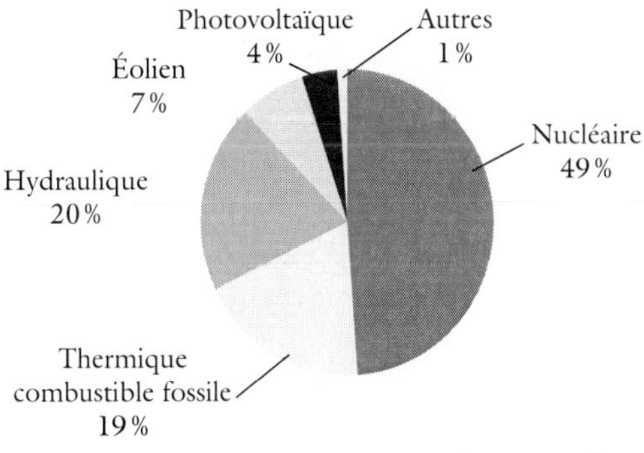

Source : données du Réseau de Transport d'Électricité (RTE), 2014

Figure 1.4 – Bilan électrique de la France en 2014

Les unités de mesures dans l'énergie

Les bilans énergétiques sont souvent exprimés en tonne équivalent pétrole (tep). La seule unité légale d'énergie reconnue sur le plan international est le joule qui correspond au travail fourni par une force d'un newton dont le point d'application se déplace d'un mètre dans la direction de la force. Un grand nombre d'unités est utilisé dont le maniement en termes d'équivalence exige les plus grandes précautions : tonnes, barils, watts, mètres cube, pieds cube... À partir de coefficients d'équivalence toutes les formes d'énergie sont agrégées en les convertissant en unité de référence commune : tonne équivalent pétrole (tep), tonne d'équivalent charbon (tec), kilowattheure (kWh) ou British thermal unit (Btu). L'unité la plus utilisée pour comparer les énergies de toutes sources est la tonne équivalent pétrole qui correspond à la quantité d'énergie que fournit une tonne de pétrole en brulant (1tep = 11 630 kWh = 39,68 MBtu...).

Dans les bilans électriques, il ne faut pas confondre la puissance et l'énergie soit les watts et les kilowattheures. Un watt est la puissance d'un système dans lequel une énergie d'un joule est transférée uniformément pendant une seconde. Au contraire, un kWh correspond à l'énergie consommée par un appareil d'une puissance d'un kW pendant une durée d'une heure. Plus simplement, nous consommons des kWh et non des watts. Lors de « la consommation électrique record du 8 février 2012 », par abus de langage la presse a indiqué que « les Français ont consommé 102 100 MW ». Il serait plus juste de dire que « les Français ont mobilisé une puissance de 102 100 MW à 19 h » pour satisfaire leur demande.

3. Demande d'énergie

La demande d'énergie finale est déterminée, à un moment donné, par des besoins exprimés par différents acteurs. La demande annuelle d'énergie par habitant diffère d'un pays à un autre notamment en fonction de sa richesse, de la structure de son économie, de ses ressources naturelles, de sa culture énergétique, de son climat et de l'efficacité de son système. En moyenne au niveau mondial, un habitant consomme 2 tep par an : 0,5 tep en Afrique, 4,8 dans l'Union européenne et 7,8 aux États-Unis.

Au sein d'un pays, la demande d'énergie varie d'une industrie à une autre, d'un individu à un autre. Dans certains secteurs, l'énergie occupe une place importante dans les achats, en tant que source d'énergie ou matière première. Les industries à haut contenu énergétique sont extrêmement sensibles au prix de l'énergie puisque ce prix conditionne en grande partie leur compétitivité. Environ un tiers de l'énergie consommée dans le monde est utilisée dans le secteur du transport (dont la consommation dépend à 90 % des produits pétroliers).

En économie, la demande diffère de la consommation. La demande fait référence à une quantité d'énergie à un prix donné. La consommation quant à elle correspond à l'action d'utiliser ou de détruire, immédiatement ou progressivement, des biens et des services dans le but de satisfaire un besoin. Pour simplifier, certains parlent d'achats pour la demande et d'utilisation pour la consommation.

Avant les chocs pétroliers des années 70, la demande d'énergie avait été très peu analysée. Aujourd'hui, elle est au centre de vives discussions notamment sur sa sensibilité aux prix et revenus :

– La demande d'énergie est fortement corrélée au rythme de l'activité économique.

– Elle présente aussi une forte saisonnalité parfois en termes d'heures, jours, semaines, mois, saisons. Ainsi, la demande d'électricité en France en semaine au mois de février à 19 h est bien différente à 4 h du matin le même jour, et évidemment différente au mois d'août.

Élasticité de la demande

Pour analyser la demande d'énergie, le recours au concept d'élasticité est fréquent. Parmi les différentes élasticités, citons l'élasticité prix de la demande, qui mesure la variation de la demande qu'entraîne une variation du prix, et l'élasticité revenu qui mesure la variation de la demande liée à celle revenu.

Ce concept permet par exemple, d'étudier les variations de la demande d'essence à la suite d'une hausse des prix à la pompe. À court terme, à une hausse de prix, les consommateurs ne pourront pas, pour la plupart, réagir et continueront à consommer de l'essence. L'évolution des prix de l'essence ne fait que provoquer une réduction proportionnellement plus faible dans la demande des consommateurs. Par contre, à long terme, l'élasticité prix est plus importante. À une hausse de prix de l'essence à long terme, des modifications de comportement sont possibles (comme acheter une voiture électrique ou des voitures moins

☞

☞

consommatrices d'essence), des investissements sont réalisés pour limiter l'usage de la voiture à essence (aménagement du territoire, transport en commun, voies de covoiturage...).

L'élasticité est un outil pour connaître avec précision l'impact des variations des prix et des revenus sur la demande d'énergie.

4. Offre d'énergie

L'offre d'énergie est la quantité offerte par les producteurs qui dépend fortement des coûts le long des chaînes de valeur. Ceux-ci varient selon les sources d'énergies et les activités (exploration, production, transport, raffinage, stockage, distribution et vente). Dans la structure des dépenses, les coûts fixes sont souvent très élevés dans les filières énergétiques. Des économies d'échelle sont alors réalisables : le coût moyen baisse à mesure que la quantité croît en raison de la présence de coûts fixes élevés (qui peuvent être amortis). Ceux-ci s'expliquent par le montant des investissements, les longues durées de vie et de construction des actifs, la présence de coûts irrécupérables et d'actifs spécifiques, les coûts externes...

DÉFINITION

Économies d'échelle

Il y a des économies d'échelle quand le coût total moyen diminue lorsque la production augmente. Par exemple, en augmentant de façon simultanée l'ensemble des facteurs de production dans les mêmes proportions par un facteur t, une entreprise qui réalise des économies d'échelle voit sa production multipliée par un facteur supérieur à t. À l'inverse, des déséconomies d'échelle sont possibles dès lors que le coût total moyen s'accroît lorsque la production augmente.

DÉFINITION

Filière énergétique

Une filière énergétique peut être définie comme une articulation cohérente de technologies, de capitaux et de marchés, depuis la production en amont de la ressource primaire jusqu'à la satisfaction à l'aval du besoin final. Plusieurs filières sont en concurrence pour la satisfaction d'un même besoin final. L'analyse de filière peut être menée de l'aval (le besoin) vers l'amont (la source primaire d'énergie) ou inversement.

La notion de rente est omniprésente tout au long des filières énergétiques. Une rente se définit en économie comme un surprofit qu'un acteur pourra dégager par rapport à ses concurrents. La théorie économique distingue trois catégories de rentes :

1. La rente absolue ou d'épuisabilité (dite rente de Hotelling) : la ressource énergétique non-renouvelable est considérée comme un actif dont la consommation d'une unité aujourd'hui implique l'impossibilité d'extraire et de consommer cette unité plus tard.

DÉFINITION

Rente de rareté

La ressource naturelle non-renouvelable est un actif économique qui est en concurrence avec les autres. Le taux de rendement de cet actif doit être égal au taux de rendement des actifs concurrents sinon tout le monde investirait sur l'actif le plus rémunérateur. En effet, si la valeur économique de la ressource augmente plus vite que le taux de rendement des actifs concurrents, l'objectif de maximisation du profit consiste à laisser la ressource en terre (et inversement). La ressource conservée dans le sol acquiert ainsi le statut de « capital ». L'équilibre sur le marché des capitaux implique que les taux de rendement de tous les capitaux soient identiques : la ressource doit être épuisée à un rythme tel que le taux de croissance de son prix net soit égal au taux d'intérêt. Selon Hotelling (1931), un stock de ressources épuisables est un actif dont le rendement est égal au gain en capital que procure l'augmentation de sa valeur au cours du temps.

2. La rente différentielle (dite rente ricardienne) résulte d'une différence entre les coûts de production du bien et de son prix de vente. Toutes les activités minières génèrent des rentes liées à des différences de coûts de production selon les puits comme dans le charbon et le pétrole. D'autres formes de rentes différentielles s'ajoutent, comme par exemple, les rentes de qualité liées à la qualité d'un gaz ou d'un charbon par rapport à un autre ; les rentes de position qui reflètent les avantages de localisation ; les rentes technologiques qui mesurent l'efficacité d'un procédé technique par rapport à un autre…

DÉFINITION

Rente ricardienne

Dans une zone avec des terres en quantité limitées et de fertilités différentes en propriété privée, Ricardo considère la production de denrées agricoles comme le blé. Le prix du blé est fixé sur le coût de production le plus élevé : c'est-à-dire sur le coût de production des terres la moins fertile demandant plus de capital et travail. Les terres les plus fertiles (les plus productives) réaliseront un bénéfice élevé. La rente dite différentielle correspond à l'écart entre les coûts de production et le prix.

3. La rente de monopole résulte du pouvoir de certains acteurs d'influencer le marché et d'imposer un prix élevé. Le cartel de l'Organisation des pays exportateurs de pétrole (OPEP) ou le monopoleur Gazprom ont été en mesure d'influencer les prix et de capter une partie des rentes.

DÉFINITION

Rente de monopole

En situation de monopole une entreprise pratique un prix supérieur au prix de concurrence (soit au coût marginal). L'utilisation de ce pouvoir conduit à un abus de position dominante qui est proscrit par le droit de la concurrence alors qu'une situation de monopole peut être tolérée si elle ne génère pas une distorsion de prix trop élevée.

Dès lors que des rentes existent, la situation ne peut pas être socialement optimale car des gains existent supérieurs au profit normal. Les différents acteurs vont chercher à développer et à avoir accès à ces rentes. Le partage de la rente devient le cœur d'âpres négociations. Les contrats pétroliers sont ainsi conçus pour régler le partage de la rente entre les parties prenantes : le gouvernement des pays producteurs et les investisseurs qui financent l'exploitation et la mise en production. Les contrats de concession et de partage de production sont les plus courants avec une différence au niveau de la part de production revenant légalement et physiquement à chaque partie. Les gouvernements des pays qui détiennent la ressource cherchent à avoir accès aux revenus issus de l'exploitation des gisements par des compagnies privées. Ils peuvent collecter des revenus du secteur énergétique à travers des instruments fiscaux et non fiscaux tels que les redevances, les bonus sur signature, les impôts sur les revenus, les revenus indirects via des droits de douanes…

EXEMPLE

Rente pétrolière

Le pétrole est un produit qui parfois ne coûte relativement pas cher à produire (environ 5 $) et peut être vendu très cher (147,5 $/baril). La rente pétrolière, ou le surplus pétrolier, ou « l'argent du pétrole » représente chaque année l'équivalent du produit intérieur brut de la France.

II Aperçu historique et technique

1. Exploitation du charbon et du gaz, moteurs de la révolution industrielle

Le charbon

Le charbon est souvent réduit à l'image historique de la révolution industrielle. En réalité, derrière l'appellation générique, il regroupe une immense diversité de produits. Le charbon est une roche sédimentaire dont le processus de carbonisation explique les différentes qualités : plus la teneur en eau est faible et en carbone élevée, plus le charbon possèdera un pouvoir calorifique élevé.

Sous ses formes les moins pures, comme la tourbe, le charbon est utilisé depuis la préhistoire. Il faut attendre l'invention de la machine à vapeur par James Watt pour qu'il devienne une importante source d'énergie avec un pouvoir calorifique très supérieur au bois et à la tourbe. Au XXe siècle, la génération d'électricité a fourni un nouveau débouché au charbon qui est massivement employé pour alimenter les chaudières des centrales thermiques à flamme.

L'extraction du charbon s'effectue de deux manières différentes. La première, historique, correspond à une extraction dans des mines souterraines permettant d'atteindre des veines profondes. Largement utilisée en Europe au XIXe siècle, l'extraction souterraine fournit encore 60 % de la production aujourd'hui (WCI). Elle a cependant été supplantée par l'extraction à ciel ouvert dans les principaux pays producteurs pour les veines se trouvant à proximité de la surface.

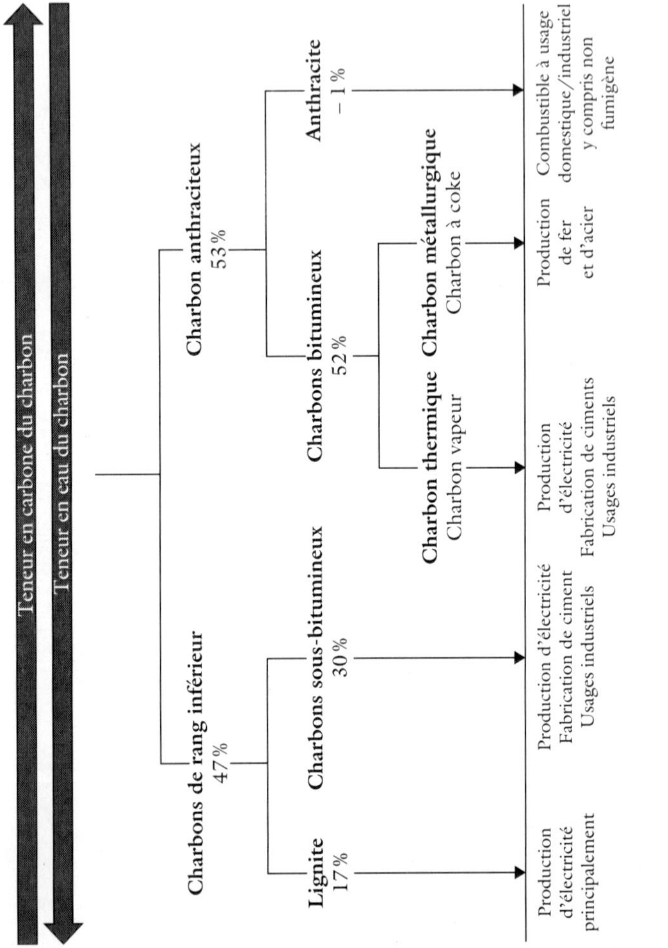

Source : World Coal Institute (WCI)

Figure 1.5 – **Usages du charbon**

DÉFINITION

L'extraction à ciel ouvert

L'extraction à ciel ouvert consiste à ouvrir le sol sur la surface du gisement pour retirer la couverture (couche de terre et de roches qui sépare le minerai de la surface) et récupérer le charbon. Cette technique permet de récupérer près de 90 % des veines présentes, contre 40 à 75 % pour les mines souterraines suivant les techniques employées.

Les puits de mine peuvent s'étendre sur plusieurs kilomètres carrés et les volumes de terre soulevés doivent alors être entreposés sur des sites adjacents. Dans sa forme la plus poussée, l'extraction à ciel ouvert peut prendre la forme du *mountain top removal* dans laquelle les sommets de montagne sont progressivement rasés pour accéder aux filons et les gravas sont utilisés pour combler les vallées adjacentes. Cette méthode est en particulier utilisée dans les Appalaches.

Source : D'après WCI

L'usage du charbon s'est généralisé grâce, notamment, à la grande dispersion géographique des ressources. Relativement, il s'agit en effet de la source d'énergie la mieux répartie à la surface de la planète, bien que dans des qualités très inégales. Selon l'AIE (2013), 32 pays disposent de plus de 1 milliard de tonnes de réserves identifiées et les réserves connues suffisent à couvrir plusieurs siècles de consommation. Aujourd'hui, le charbon est le premier combustible pour la production d'électricité (41 %) et la seconde source d'énergie la plus utilisée au monde (30 %) de la demande mondiale d'énergie primaire), derrière le pétrole (AIE, 2014a). La demande est tirée par les pays asiatiques, aujourd'hui principaux consommateurs, Chine et Inde en tête.

Du fait de l'ampleur des réserves et de leur dispersion, le commerce international du charbon demeure limité (17 % de la production seulement, source : VdKI), sauf pour les minerais de la meilleure qualité, plus rares (anthracite notamment). De manière générale et afin de minimiser les coûts de transport, les centrales thermiques à charbon sont souvent implantées à proximité des sites d'extraction ou, lorsque ceux-ci sont trop éloignés des lieux de consommation de l'électricité/chaleur, à proximité d'infrastructures ferroviaires ou portuaires. La route maritime entre le port de Richards Bay en Afrique du Sud et le port de Rotterdam aux Pays-Bas a longtemps dominé les flux commerciaux internationaux mais de nouveaux itinéraires émergent, notamment entre l'Australie et l'Asie.

Malgré son faible coût relatif et les ressources abondantes, de nombreuses incertitudes demeurent cependant quant à l'usage futur du charbon. La principale concerne son niveau de pollution. En l'absence de technologies de capture et stockage du CO_2 économiquement viables (cf. chapitre 5), son avenir est tributaire des évolutions de la réglementation et du prix du CO_2. En effet, si la pollution devient trop onéreuse dans certains pays mettant en œuvre des politiques environnementales affirmées, les systèmes énergétiques pourraient se réorienter vers le gaz naturel, plus cher mais moins polluant, pour répondre à leurs besoins en chaleur et en électricité.

■ Le gaz naturel

Le gaz naturel (ou méthane) se forme en sous-sol, sous l'action conjointe de la pression et de la température qui dissocient les roches sédimentaires présentes. Le gaz a longtemps été considéré comme un sous-produit dangereux de l'exploitation minière (coups de grisou) ou de l'extraction pétrolière. Il était d'ailleurs brûlé dès sa sortie des puits (torchage).

Bien que des gisements affleurant en surface soient connus depuis l'Antiquité, l'utilisation du gaz naturel est récente. Extrêmement volatile et donc difficile et coûteux à transporter, il a longtemps été cantonné à l'éclairage public des villes à proximité des ressources. Le développement des pipelines et l'invention du bec bunsen en 1855 lui ont ouvert de nouveaux débouchés, notamment pour les utilisations domestiques. Il faut attendre le développement des grandes infrastructures aux États-Unis et en Europe après la Seconde Guerre Mondiale pour que le gaz naturel devienne une source d'énergie majeure.

Plusieurs innovations sont venues légèrement désenclaver les marchés du gaz naturel, très fragmentés en raison de la limite du transport au sein des continents. L'amélioration des techniques a permis le développement de réseaux denses de pipelines et la construction de tubes sous-marins. La liquéfaction du gaz naturel rend possible désormais son transport par bateau et permet d'espérer une convergence des prix, donc la création d'un marché mondial du gaz. Ces deux techniques de transports exigent néanmoins des investissements lourds, limitant la généralisation de l'utilisation du gaz naturel.

Le gaz naturel liquéfié (GNL)

L'objectif de la liquéfaction du gaz naturel est de réduire le volume qu'il occupe pour ainsi rendre possible son transport dans l'espace limité que représente un bateau. La première traversée a eu lieu entre la Louisiane et le Royaume-Uni en 1959 pour démontrer la faisabilité de la technique. La première liaison commerciale a été établie en 1964 entre l'Algérie et le Royaume-Uni, faisant de la Sonatrach le premier exportateur mondial de GNL. Cette liaison a été cependant interrompue en 1990 quand le gaz de la Mer du Nord s'y est substitué à un coût inférieur.

La chaîne de valeur du GNL se décompose en quatre segments : exploration-production, liquéfaction, transport et finalement stockage-regazéification. Pour que le GNL soit une option viable et rentable, le prix du gaz vendu au consommateur doit être suffisamment élevé pour couvrir tous ces éléments et le prix d'un pipeline doit être supérieur. Il existe donc un arbitrage GNL/pipeline pour le transport à longue distance du gaz naturel, qui se fait en fonction de la distance à parcourir et de la nature du terrain à traverser. Plus la distance à parcourir est importante, plus le GNL devient intéressant.

Sur la chaîne de valeur, la partie « liquéfaction » concentre environ la moitié des coûts totaux. Les usines sont en effet des installations extrêmement lourdes et complexes, nécessitant des investissements se chiffrant en milliards de dollars.

Source : U.S. Department of Energy

Acheminer du gaz naturel jusqu'au consommateur final, industriel et a fortiori particulier, nécessite donc une perspective de long terme sur les marchés. En effet, les industriels ne peuvent consentir les investissements nécessaires sans un minimum de certitudes quant aux débouchés et donc quant aux flux financiers leur permettant d'assurer leur rentabilité. Les échanges internationaux de gaz naturel se font donc de gré à gré entre entreprises (et souvent gouvernements étant donnés les enjeux, notamment pour la sécurité d'approvisionnement, cf. chapitre 2) grâce à des contrats de long terme.

Ces contrats, historiquement signés pour des durées comprises entre 20 et 25 ans, lient un producteur et un fournisseur. Sur une telle durée et avec les sommes engagées, une répartition claire des risques est effectuée. L'acheteur s'engage à acheter des volumes prédéterminés, tandis que les producteurs s'engagent sur un niveau de prix.

Les contrats gaziers de long terme

Deux principes régissent ces contrats : le principe « take-or-pay » et le principe de la tarification dite « netback ».

Le *take-or-pay principle* engage l'acheteur du gaz naturel : il agrée de prendre un certain volume de gaz chaque année, quel que soit l'état de la demande sur le marché intérieur. Si celle-ci est insuffisante et que l'acheteur décide de ne pas soutirer le gaz, il doit néanmoins payer pour ce dernier. Le vendeur est ainsi assuré, quelles que soient les circonstances, de vendre un minimum de gaz et transfère son risque volume sur l'acheteur.

Le principe de la tarification *netback* consiste à indexer le prix de vente du gaz sur celui d'énergies substituables. En effet, le gaz n'a de valeur économique en propre que s'il peut remplacer à moindre coût par exemple le charbon ou le pétrole. En simplifiant, son prix de vente est donc déterminé selon une formule fixe indexant le prix sur celui du pétrole notamment.

Ces contrats de long terme incluaient également des clauses de destination, c'est-à-dire que le gaz acheté dans un pays ne pouvait pas être revendu dans un autre. Cependant, la Commission européenne a établi en 2004 que ces clauses étaient illégales et empêchaient l'intégration des marchés de l'énergie européens.

Ces contrats de long terme permettent de transférer le gaz du pays producteur vers le pays consommateur en couvrant les coûts afférents. Ils ne sont cependant pas sans risques puisque les importateurs peuvent se retrouver dans une situation financièrement très délicate. Si la demande en gaz naturel décroît et qu'en parallèle les prix du pétrole augmentent, ils peuvent se retrouver à payer très cher pour du gaz qu'ils ne peuvent même pas prélever, faute d'acheteurs ou de capacité de stockage. Certains importateurs européens ont connu cette situation avec la crise économique d'une part et le prix du baril élevé entre 2008 et 2014. Elle peut résulter en des pertes se chiffrant en millions d'euros par jour (source : Franza).

Une fois le gaz arrivé sur le marché destinataire, il est proposé par l'acheteur sur les marchés de gros où les différents fournisseurs viennent s'approvisionner pour ensuite revendre aux consommateurs. Les échanges peuvent se faire sur des « hubs » physiques où convergent les réseaux de pipeline ou sur des « hubs » virtuels dans lesquels les droits de propriété pour le gaz s'échangent non pas à un endroit précis mais sur une zone, en fonction de points de livraisons standardisés. Ces différents hubs sont gérés par des opérateurs qui sécurisent les transactions.

Les marchés du gaz naturel sont donc essentiellement distincts, avec des niveaux de prix différents : en février 2015, le prix moyen du MMBtu de gaz était de 9,30 $ en Allemagne, 16,00 $ au Japon et 6,00 $ aux États-Unis (FMI). Ceci explique que malgré une répartition des 216 000 milliards de m^3 (*billion cubic meter*, bcm) de réserves prouvées principalement centrées sur le Moyen-Orient (37,5 %) et la Russie-Asie Centrale (34 %), ce sont les pays de l'OCDE (Amérique du Nord et Europe) qui assurent l'essentiel de la production (35% en 2012) (AIE, 2014a). Deux facteurs influent sur ce ratio en sens contraire : l'épuisement progressif des réserves de la Mer du Nord (– 22% de production à horizon 2035 de 278 à 218 bcm par an) et la production croissante de gaz schistes aux États-Unis (+ 36 % de 681 à 928 bcm/an).

2. Avènement du pétrole

Le pétrole est issu de la dégradation naturelle des sédiments présents dans le sol. Sa composition peut fortement varier d'un gisement à un autre avec des mélanges de nombreux composants : gaz, eau, sel, sable... Le raffinage permet de transformer le pétrole brut en produits dérivés tels que l'essence, le gazole, le kérosène, les fuels lourds ou encore le bitume.

L'huile de roche affleurant en surface a été longtemps utilisée pour l'éclairage mais c'est avec le premier puits foré en 1859 par le Colonel Drake aux États-Unis que le pétrole est entré dans l'ère industrielle. L'expansion du secteur est ensuite rapide, tirant profit de la généralisation des moteurs à explosion, jusqu'à devenir la principale source d'énergie mondiale.

Le développement du secteur a été marqué par les monopoles et cartels. D'abord aux États-Unis, où la Standard Oil fondée en 1870 notamment par la famille Rockefeller a rapidement construit un empire en écartant la concurrence. Présente sur toute la chaîne de valeur, la Standard Oil contrôle plus de 90 % du marché du pétrole raffiné aux États-Unis en 1904. Elle sera dissoute en 34 entreprises distinctes en 1911 en application du Sherman Antitrust Act pour favoriser l'essor de la concurrence. Une nouvelle époque commence après la Première Guerre Mondiale, avec l'internationalisation croissante de l'industrie pétrolière et la mise en exploitation de nouveaux gisements, notamment en Amérique du Sud puis au Moyen-Orient. Le marché est alors dominé par sept compagnies pétrolières internationales, qui depuis les accords d'Achnacarry de 1928, forment le « Cartel des Sept sœurs » et se partagent les réserves mondiales. Cet équilibre ne sera remis en cause que dans les années 1950 avec l'émergence des pays producteurs comme acteurs autonomes du marché du pétrole. Cette évolution se concrétise en 1960, date de la création de l'Organisation des Pays Exportateurs de Pétrole (OPEP) qui a renversé l'équilibre des pouvoirs sur le marché en mettant fin au monopole concerté des multinationales.

L'histoire de la seconde moitié du XXe siècle est alors rythmée par les décisions de l'OPEP : premier choc pétrolier en 1973 avec la réduction de la production suite à la guerre de Kippour, second choc pétrolier en 1979 suite à la révolution iranienne et à la guerre Iran-Irak. Les années 1980 sont marquées par l'arrivée sur le marché des gisements de la mer du Nord qui permettent un contre-choc pétrolier mais également par la décision de l'Arabie Saoudite en 1986 de ne plus suivre les quotas de production afin de discipliner le cartel. Le contexte de prix réduits des hydrocarbures contribue à la dégradation de la situation financière de l'Union des républiques socialistes soviétiques (URSS) et à son effondrement. Les années 1990 sont alors une période de crise pour le secteur, les prix bas poussant les compagnies à se rapprocher dans une vague historique de fusions (Exxon-Mobil, Total-Fina-Elf...).

Le XXIe siècle ouvre une nouvelle ère sur le marché du pétrole, avec deux faits saillants importants. D'une part, la demande en provenance des pays asiatiques, et en particulier de la Chine, réorganise les flux commerciaux. D'autre part, la peur croissante d'une pénurie, basée sur la théorie du pic de Hubbert, alimente les craintes d'une flambée des cours. L'arrivée de nouveaux producteurs sur le marché, notamment grâce aux pétroles de schistes et aux forages offshore ultra-profonds pourrait cependant remettre en cause cette analyse. L'époque est donc caractérisée par une incertitude croissante, illustrée par une augmentation de la volatilité des prix et par la difficulté grandissante de l'Arabie Saoudite à jouer le rôle de régulateur du marché à travers une OPEP divisée et concurrencée. En effet, les pays non-OPEP, tels que la Russie, les États-Unis, le Canada ou encore le Brésil devraient jouer un rôle croissant sur le marché jusqu'en 2020 (58 % de la production en 2013, 60 % en 2020) avant de voir leur influence reculer du fait de l'épuisement des ressources russes et américaines (AIE, 2014a).

Le Pic de Hubbert

Initialement formulée par le géophysicien Marion King Hubbert en 1956, la théorie du pic pétrolier stipule que le rythme de production du pétrole va croissant jusqu'à ce qu'un seuil maximum, déterminé par la disponibilité et le volume des ressources, soit atteint. Le rythme de production irait ensuite en décroissant. Initialement formulée pour les réserves américaines, la théorie a été transposée à la situation mondiale, ce qui ne va pas sans soulever de nombreuses questions : rôle du progrès technique, disponibilité technico-économique accrue des ressources du fait de leur raréfaction et de la hausse des prix, nature du pic (sommet ou plateau ?)...

Dans les conditions actuelles de technique et de consommation, les ressources récupérables restantes devraient permettre de couvrir 178 ans de consommation (les réserves prouvées étant de 54 ans, AIE, 2013). L'essentiel de la hausse de la demande en pétrole proviendra des pays hors Organisation de Coopération et de Développement Économiques (OCDE). La Chine devrait ainsi devenir le premier pays consommateur de pétrole au début des années 2030 mais stabiliser sa demande autour de 2040. Les deux pays qui connaitront la plus forte croissance de leur demande seront l'Inde et le Nigeria. L'AIE prévoit ainsi que pour chaque baril de réduction de la demande en provenance de l'OCDE, deux barils additionnels seront consommés dans les pays en développement (AIE, 2014).

DÉFINITION

Quantifier les réserves

Les réserves de pétrole (ou de tout autre énergie fossile) sont par nature incertaines. Situées en sous-sol, elles ne sont pas directement observables et les différentes techniques géologiques, si elles permettent de fournir des ordres de grandeur, ne peuvent déterminer exactement le contenu du réservoir.

Au-delà de la présence physique du pétrole, la capacité de l'exploitant à le récupérer est tributaire des techniques d'extraction employées. Elles mêmes dépendent du prix du pétrole et du progrès technique.

Il y a donc différents critères pour quantifier une réserve de pétrole et seule une approche technico-économique peut fournir une indication du volume disponible à un certain coût d'extraction.

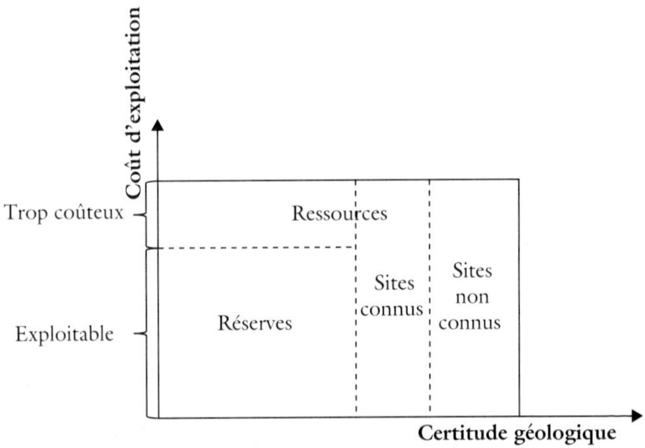

Source : D'après Bhattacharyya (2011)

Les réserves, partie exploitable des ressources, sont alors catégorisées selon le degré de certitude de leur disponibilité :

– Les réserves prouvées ou P90, sont les réserves dont le degré de certitude est le plus élevé puisqu'elles ont une probabilité de 90 % de pouvoir être extraites avec les moyens techniques disponibles ;
– Les réserves probables ou P50 ont, elles, une probabilité de 50 % de pouvoir être extraites. Il s'agit donc d'un agrégat plus vaste ;
– Les réserves possibles ou P10 finalement ont seulement une probabilité de 10 % de pouvoir être extraites, elles sont extrêmement incertaines étant données les technologies actuellement disponibles.

Ces trois notions sont régulièrement agrégées entre elles dans les communications officielles, notamment lorsque les entreprises essayent de valoriser leurs réserves. Les réserves 1P correspondent aux réserves prouvées, les réserves 2P correspondent à la somme des réserves prouvées et probables et finalement les réserves 3P agrègent prouvées, probables et possibles. Cette dernière mesure, bien qu'indicatrice du potentiel, ne reflète donc pas forcément la réalité des gisements.

3. Fée électricité

En dehors de la foudre qui a permis à Benjamin Franklin de l'identifier, l'électricité n'est pas directement disponible. Elle résulte traditionnellement d'un processus de production dans lequel des générateurs convertissent une énergie mécanique en électricité. Une fois produite, elle doit encore être acheminée jusqu'au consommateur final à travers des réseaux qui relient directement les lieux de production et de consommation. Les réseaux de transport assurent l'acheminement sur de longues distances et à très haute tension. Des postes sources permettent ensuite d'abaisser le niveau de tension et de répartir l'électricité sur les réseaux qui assurent la distribution de l'électricité aux clients.

La demande mondiale d'électricité augmente rapidement (plus 2,1 % par an 2012-2040) pour répondre aux besoins des pays en développement et à la numérisation croissante des économies. Les capacités installées devraient ainsi passer de 5 950 GW en 2013 à 10 700 GW en 2040 (cf. tableau 3 en annexe).

Aujourd'hui, l'électricité est principalement générée dans des centrales thermiques à flamme (68 % en 2012 à l'échelle mondiale, AIE, 2014a), dans lesquelles du charbon, du gaz ou du fioul sont brûlés pour obtenir la chaleur nécessaire à la création de l'énergie mécanique qui alimente les générateurs. Les progrès techniques permettent d'augmenter les rendements de ces centrales avec des cycles combinés (deux alternateurs sur un circuit chaleur et un circuit vapeur) ou de la cogénération (production d'électricité et de vapeur pour des réseaux de chaleur). Le principal inconvénient de ce mode de génération reste l'émission de gaz à effets de serre (GES).

Néanmoins, une part importante de la production électrique n'émet pas ces gaz. L'hydraulique par exemple qui, quoique dépendant fortement de la géographie, permet de produire des volumes importants (16 % de l'électricité mondiale en 2012). Il s'agit historiquement d'un des tous premiers modes de production de l'électricité et il connaît des taux de pénétration importants dans des pays comme la Suède (48% de la production locale 2012), la Suisse (58 %), le Canada (60 %), la Norvège (97 %) et, dans une moindre mesure, la France (11 %) et l'Italie (15 %) et se développe fortement en Amérique du Sud et en Asie.

L'énergie nucléaire, utilisée dès les années 1950 pour un usage civil permet également une production électrique sans rejets de GES (11 % de l'électricité mondiale en 2012). Développée massivement aux États-Unis, en URSS dans un premier temps puis en France à partir des années 1970, le nucléaire a longtemps été réservé à un nombre restreint de pays (USA 19 %, Russie 17 %, France 75 % de la production d'électricité 2012 ; AIE, 2014b). Malgré les catastrophes de Three Mile Island en 1979 et Tchernobyl en 1986, la forte hausse de la consommation d'électricité à travers le monde a mené certains pays à se doter de programmes ambitieux, au premier rang desquels la Chine. La catastrophe de Fukushima en 2011, les délais, les investissements importants et les interrogations montantes sur le stockage des déchets radioactifs interrogent néanmoins sur l'avenir de la filière. L'horizon prendra peut-être la forme des réacteurs de nouvelle génération en préparation, encore plus sécurisés, et à très long terme des réacteurs à fusion (ITER – *International Thermonuclear Experimental Reactor).*

En complément de ces technologies traditionnelles, les nouvelles énergies renouvelables (ENR) se développent rapidement (5 % de l'électricité mondiale en 2012). Très diverses, elles ont en commun d'exploiter une ressource non épuisable (soleil, vent, marées, courants mais aussi chaleur terrestre) ou naturellement renouvelable (biomasse). Certaines d'entre elles sont déployées depuis des décennies et font partie intégrante du mix énergétique, comme les panneaux photovoltaïques ou les éoliennes, tandis que d'autres sont encore marginales mais se développent, comme la géothermie ou l'éolien offshore, ou sont encore très expérimentales comme les centrales houlomotrices. Toutes ENR confondues, la capacité installée devrait passer de 2 850 GW en 2012 à 4 550 GW en 2040 avec l'éolien en tête (AIE, 2014 – cf. tableau 6 en annexe).

La plupart des énergies renouvelables partagent certaines caractéristiques. Elles sont pour la plupart intermittentes, c'est-à-dire qu'elles ne peuvent pas produire en permanence de l'électricité, du fait des contraintes climatiques et des cycles jours/nuits. Elles sont de plus aléatoires car il n'est pas possible de prédire exactement leur production. Cela signifie que pour pouvoir répondre à tout moment à la demande, des centrales thermiques doivent être disponibles en complément des ENR pour pouvoir pallier les creux de production.

Comme développé dans le chapitre 2, les énergies renouvelables ont bénéficié de très importantes subventions publiques pour leur permettre de progresser technologiquement et de s'industrialiser sur un marché où les coûts des centrales thermiques étaient historiquement inférieurs. Le solaire photovoltaïque et l'éolien terrestre sont en train, dans certaines conditions climatiques, d'atteindre la parité réseau, c'est-à-dire d'être compétitifs avec les autres centrales sur une base non subventionnée (cf. tableau 2 en annexe).

Tableau 1.1 – Ordre de grandeur pour la production électricité (2009)

Une production moyenne de 10 TWh sur une année, soit l'équivalent de la consommation de 1,63 million de ménages français (1/17e des ménages), peut être obtenue avec l'un des moyens de production suivants :	
Thermonucléaire : 9/10e d'un réacteur REP 1 450 MW	
Éolien : 2 000 éoliennes d'une puissance de 2 MW	Éoliennes fonctionnant 2 500 heures équivalent pleine puissance par an, avec un vent d'une vitesse moyenne de 7 m/s.
Photovoltaïque : 10 millions d'installations de 10 m^2	D'une puissance de 1 kW pour 10 m^2 pour un rendement annuel moyen de 1 MWh/10 m^2.
Biomasse : 16 millions de tonnes de bois	
Charbon : 3,5 millions de tonnes	
Pétrole : 2,2 millions de tonnes	
Gaz : 1,6 milliard de m^3	

Note : La consommation d'électricité en France en 2009 était de 479 Twh.

Source : Chiffres clés de l'énergie, Commissariat général au Développement durable, 2009 p. 26.

CHAPITRE 2

L'intervention de l'État

L'État est un acteur très présent dans le monde de l'énergie. Malgré les réformes et l'introduction de la concurrence, il a conservé un certain nombre de missions régaliennes traditionnelles comme la sûreté de certaines installations.

Dans la reconfiguration des industries de l'énergie, le rôle de l'État porte principalement sur deux dimensions : piloter le bouquet énergétique afin d'intégrer des objectifs externes au fonctionnement spontané du marché et s'assurer que l'offre puisse effectivement répondre à tous moments à la demande tout en garantissant la sécurité des approvisionnements. La notion de bouquet, ou mix, énergétique renvoie à la capacité d'arbitrage dont disposent les producteurs pour répondre aux besoins en énergie de la société. Les énergies sont en effet partiellement substituables entre elles : il est ainsi possible d'utiliser du gaz, du fioul ou de l'électricité pour chauffer un bâtiment. En théorie, le marché détermine par le jeu de l'offre et de la demande les solutions retenues avec les prix.

Dans un contexte européen de dépendance croissante aux importations d'hydrocarbures, l'intervention des gouvernements demeure primordiale dans la garantie de la sécurité d'approvisionnement énergétique. La légitimité de l'intervention repose également sur l'arbitrage des enjeux à long terme avec la sécurité d'approvisionnement. Celle-ci est au centre des préoccupations des gouvernements pour défendre des intérêts privés et publics.

I Définir une politique énergétique

Les flux d'énergie alimentent en permanence les systèmes économiques modernes et toute rupture d'approvisionnement de ces flux peut avoir des effets lourds de conséquences. L'énergie a ainsi plusieurs composantes : économique (le fonctionnement en continu de l'économie, les prix, les taxes, la compétitivité), politique (la sécurité, l'indépendance), militaire (l'approvisionnement des armées), diplomatique (les relations avec les fournisseurs) et sociale (les inégalités, les conflits). Le caractère fondamentalement stratégique de l'énergie justifie la mise en place d'une politique énergétique par les gouvernements.

Historiquement, la politique énergétique a d'abord répondu à des considérations nationales mais elle intègre depuis longtemps des dimensions internationales. Depuis quelques années, une autre contrainte extérieure doit être prise en compte : le réchauffement climatique. Ce nouvel élément tend à bouleverser la problématique énergétique, puisque désormais le couple énergie/environnement est indissociable (cf. chapitre 4).

Toute politique énergétique repose sur les caractéristiques propres du pays concerné : dotation en ressources énergétiques, climat, niveau de vie, structure de l'économie, densité du territoire, taux de motorisation, taux d'électrification... Certains pays sont mieux dotés en ressources pétrolières et gazières comparés à d'autres. Les préoccupations sont différentes si le pays est exportateur ou importateur de ces sources d'énergie. Dans un pays autosuffisant et exportateur de gaz et/ou de pétrole, les principales questions sont le rythme de la production et des exportations, la place faite aux investisseurs internationaux, l'utilisation de la rente pétrolière et gazière, la redistribution d'une partie de la rente pour des besoins immédiats et pour les générations futures... Les pays exportateurs sont largement touchés par la « malédiction pétrolière » (ou plus généralement la malédiction des ressources) qui constitue une source majeure de fragilité : l'argent des ressources peut fausser le développement économique et corrompt les institutions. À l'inverse, les pays qui importent la plus grande partie de l'énergie qu'ils consomment mettent l'accent sur l'amélioration de l'efficacité énergétique (soit le rapport entre l'énergie produite par un système par rapport à l'énergie consommée) et sur le développement des énergies domestiques sous réserve qu'elles soient compétitives.

L'idée de conquérir « l'indépendance énergétique » est à manier avec précaution. Toutefois pour les pays les plus pauvres importateurs de pétrole, la dépendance énergétique est un fardeau pour la balance commerciale et les finances publiques (cf. tableau 4 en annexe).

Malédiction des ressources naturelles

La malédiction des ressources naturelles est parfois appelée malédiction des matières premières ou paradoxe de l'abondance. Elle représente la difficulté que rencontrent les pays avec des ressources naturelles abondantes en général et des ressources pétrolières en particulier. Auty (1993) a été le premier auteur à baptiser « malédiction » ou de « resource curse » l'impact négatif de l'exploitation de la richesse naturelle sur le développement économique. Il souligne que non seulement les pays avec des ressources abondantes ne parviennent pas à tirer profit de leurs dotations, mais ils enregistrent des résultats économiques encore plus faibles que les pays peu dotés en ressources naturelles.

Le phénomène de la malédiction des ressources naturelles est analysé depuis les années 1950 mais plus encore depuis la crise pétrolière des années 1970.

Dans les années 1980, le syndrome hollandais (Dutch Disease) était l'explication majeure du phénomène de malédiction. Ce syndrome fait référence à l'expérience économique plutôt décevante des Pays-Bas suite à l'exploitation des réserves de gaz naturel du gisement de Groningue. Il évoque le contraste étonnant entre une situation économique interne plutôt morose et une balance extérieure largement excédentaire.

Dans les années 1990, un deuxième facteur explicatif a été mis en évidence. Les détériorations de la gouvernance sont également un élément déterminant dans la diminution de la croissance des pays exportateurs.

À partir des spécificités nationales, la mise en place d'une politique énergétique implique une vision qui combine des priorités économiques nationales et l'attitude vis-à-vis du changement climatique. L'organisation de l'industrie de l'énergie est un problème institutionnel avec, en particulier, le partage des rôles et des responsabilités entre le secteur public et le secteur privé, national et international, la fiscalité…

Toute politique nationale se préoccupe de la nature de l'offre énergétique et vise à assurer une sécurité d'approvisionnement, soit par les ressources nationales, soit à travers l'importation de ressources étrangères (cf. tableau 4 en annexe). La politique de la demande a été la plupart du temps reléguée au second rang par rapport à celle de l'offre. Un changement structurel se produit avec le développement de politiques de maîtrise de la demande d'énergie (MDE, cf. chapitre 4). Celui-ci a des effets directement positifs sur la facture énergétique, sur la dépendance énergétique, sur la sécurité des approvisionnements puisque les volumes consommés sont moindres. Malheureusement, l'amélioration de l'efficacité énergétique se heurte à de nombreux obstacles, notamment la rigidité des comportements des consommateurs.

II Piloter le mix énergétique

1. La courbe d'ordre de mérite dans l'électricité

Représentant 18 % de la consommation finale à l'échelle mondiale (AIE, 2014a), la principale énergie pour laquelle des arbitrages sont possibles est l'électricité. Sa production peut en effet relever de techniques très différentes et substituables. Pour le marché, la question sera alors celle du prix de la quantité produite par rapport aux coûts de la production pour chacune des technologies.

Il est important à ce stade d'effectuer une distinction, parmi les coûts de production, entre les investissements initiaux et les coûts d'opération des centrales électriques. Les investissements représentent en effet des coûts irrécupérables (*sunk costs*) très importants, de quelques dizaines de millions d'euros pour une installation éolienne à plusieurs centaines de millions pour une centrale à gaz à cycle combiné, voire plusieurs milliards d'euros pour un réacteur nucléaire de dernière génération. Ces actifs de production présentent tous à des degrés divers la même caractéristique de nécessiter des périodes longues de planification, autorisation et construction avant de pouvoir générer le moindre MWh et donc des revenus.

Une fois la centrale opérationnelle, son fonctionnement quotidien génère également des frais importants. Le principal poste de coûts est souvent l'approvisionnement en matières premières (gaz, charbon, fioul, biomasse), suivi par les coûts liés au fonctionnement, fixes et variables. À ce titre, les ENR bénéficient d'un avantage important par rapport aux centrales traditionnelles puisqu'en l'absence de frais d'approvisionnement, leur coût variable de production est quasiment nul, même si leur coût total au MWh reste, sauf exceptions, supérieur.

Afin de pouvoir être rentable, le prix auquel les producteurs vont vendre leur électricité doit donc couvrir à la fois les frais liés à l'investissement initial – remboursements, intérêts et rentabilité exigée par les actionnaires – et les frais liés à la production elle-même.

DÉFINITION

Le coût marginal de production d'électricité
Le coût marginal est le coût de production d'une unité supplémentaire d'électricité. Il correspond à toutes les dépenses nécessaires à la production de cette quantité additionnelle. Appréhendé à l'échelle d'une centrale, il est décroissant : le coût du premier kWh sera très élevé puisque pour le produire il aura fallu construire et démarrer la centrale, les suivants seront plus faibles puisqu'ils ne couvriront que les frais variables. Un effet de seuil apparaît néanmoins lorsque la capacité maximale de la centrale est atteinte puisqu'il est nécessaire d'investir à nouveau pour produire un kWh supplémentaire.

Du point de vue du système électrique, le coût marginal de production est croissant. En effet, ce sont les producteurs présentant le coût marginal le plus faible qui produisent les premiers pour répondre à la demande. Dans un système traditionnel, il s'agit de l'hydraulique qui a un coût fixe important et un coût variable quasi-nul. Les centrales capables de produire de très importantes quantités d'électricité en permanence et bénéficiant d'économies d'échelle (hydro et nucléaire) fournissent ainsi l'électricité de base, celle pour laquelle la demande est constante. Pour répondre aux variations de fond de la demande, par exemple, la hausse de la consommation hivernale, des centrales dites de semi-base sont employées (charbon, gaz) et fonctionnent plusieurs mois par an. L'électricité ne se stockant pas, pour répondre aux pics de consommation ponctuels, par exemple le soir à 19 h, les capacités maximales de production de ces centrales étant systématiquement atteintes, des centrales additionnelles sont démarrées. Celles-ci, plus flexibles (gaz, fioul), présentent des coûts marginaux de production plus importants, ce qui fait augmenter le prix de l'électricité sur le marché.

Il s'agit là du fondement de la courbe d'ordre de mérite (ou d'efficacité) qui classe les différents moyens de production en fonction de leur coût marginal. L'équilibre offre/demande se réalise au niveau de prix qui est égal au coût marginal de la dernière centrale appelée.

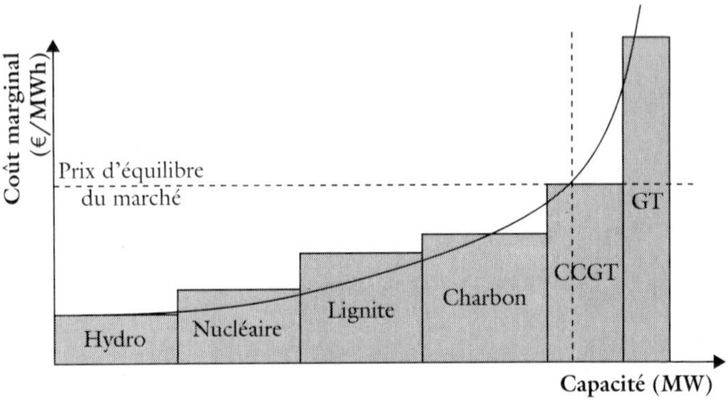

Note : Le concept de courbe d'ordre de mérite peut s'appliquer à de nombreux domaines, il permet, par exemple, de classer les différents producteurs de pétrole, en fonction de leurs coûts d'extraction.

Figure 2.1 – **Courbe d'ordre de mérite**

Les producteurs dont les centrales présentent un coût marginal inférieur bénéficient alors d'une rente différentielle, puisqu'ils touchent une rémunération supérieure à leurs coûts.

Cette organisation de marché permet de constituer un mix énergétique en mesure de répondre à la demande mais qui est « agnostique » quant aux technologies employées. En effet, les deux seuls critères d'arbitrage employés sont le coût marginal de production et le degré de flexibilité des technologies de production.

2. Externalités et intervention de l'État

La limite de ce système est qu'il ne prend pas en compte les externalités produites par les différentes technologies et d'autres objectifs comme la diversité du mix.

Les effets externes

Dans les années 1920, lors du transport des voyageurs et des marchandises, la locomotive à vapeur des trains déclenchait sur son passage des incendies détruisant les récoltes ou les forêts. Un préjudice existait pour les propriétaires de ces terres alors qu'ils ne participaient pas à l'activité des chemins de fer de transport. Cet exemple historique d'un effet externe est celui employé par Arthur C. Pigou (1932). La compagnie des chemins de fer fournissait un service de transport, pour lequel elle recevait un paiement. En revanche, les propriétaires de terrains qui subissaient des dommages liés à cette activité sans recevoir de compensation. Cet effet externe se situe hors marché c'est-à-dire hors de l'échange marchand. Même si l'origine du concept d'externalité est attribuée à Henry Sidgwick (1887), le concept a été développé par l'économiste Arthur C. Pigou pour décrire les conséquences positives ou négatives générées par une transaction économique pour des acteurs qui ne sont pas parties à l'échange. Il prend ainsi l'exemple des effets bénéfiques d'une forêt sur le régime des pluies. Appliqué au secteur de l'énergie, la pollution générée par une centrale au charbon est un dommage subi par l'environnement et les populations qui, par défaut, n'est pas pris en compte dans la tarification de l'électricité.

Source : Bien F. et Méritet S., *Microéconomie – Les défaillances de marché*, collection « LM », Pearson, 2014

Le secteur de l'énergie est en effet caractérisé par la présence d'externalités négatives importantes, notamment liées à la pollution (émissions de gaz à effet de serre, production de déchets radioactifs...). Le prix du marché ne reflétant pas les coûts sociaux et environnementaux causés par la production d'énergie, l'équilibre offre/demande se réalise à un niveau non optimal : si les externalités étaient prises en compte, le prix serait supérieur et donc les quantités échangées inférieures. La présence d'externalités négatives génère in fine une surproduction par rapport à la production dite optimale.

L'intervention de la puissance publique devient nécessaire lorsque celle-ci assigne des objectifs exogènes au système de production. Comme le secteur de l'énergie représente deux tiers des émissions mondiales de gaz à effet de serre (AIE, 2014), les États, notamment Européens, ont progressivement introduit des incitations en faveur de la production renouvelable. Plus drastiquement, face au risque d'incidents nucléaires dans un contexte post-Fukushima, l'Allemagne a décidé de sortir du nucléaire avant 2022.

3. Modalités d'intervention

La première modalité d'intervention est la régulation. Dans sa forme la plus drastique, il s'agit d'interdire certaines technologies, ce qui se traduit généralement par des phases de sortie progressive. Dans un marché libre et concurrentiel, la question est alors celle de l'indemnisation, voire de la survie économique, des producteurs concernés qui avaient consenti des investissements importants et qui subissent un manque à gagner du fait de la décision régalienne.

Plus généralement, la régulation prend la forme de normes ou de standards techniques. Elle permet d'orienter le marché en limitant les impacts négatifs des technologies employées, par exemple en leur faisant respecter des seuils d'émissions. Ces solutions peuvent néanmoins être coûteuses pour les industriels, et donc in fine pour les consommateurs. La labellisation de son côté n'est pas contraignante et a donc une efficacité immédiate moindre, mais réduit les asymétries d'information sur le marché, permettant à la demande de s'orienter vers les producteurs respectant certains standards environnementaux, par exemple.

Ces interventions directes ont l'inconvénient de contraindre technologiquement le marché qui, avec des incitations pertinentes, pourrait faire émerger des solutions innovantes.

L'État peut donc chercher à intégrer le coût des externalités négatives. Pour cela deux logiques sont possibles, avec leurs avantages et leurs inconvénients :

– la logique interventionniste qui cherche à modifier le marché en ajustant les valeurs privée et sociale de l'externalité à travers le système des prix ;

– la logique transformatrice qui modifie le statut de l'externalité en cherchant à rétablir l'efficacité des mécanismes de marché en améliorant les droits de propriété.

Ces deux logiques sont souvent réduites à deux instruments permettant l'internalisation des coûts sociaux : les taxes environnementales, qui corrigent les prix des marchés existants, et les marchés de « droits d'émission », qui permettent de faire émerger de manière décentralisée un prix des effets externes négatifs. Ces deux instruments sont issus des travaux respectifs de Pigou et de Coase. Néanmoins d'autres solutions existent. Dans tous les cas, une comparaison des coûts d'intervention avec la variation du bien-être récupérable est nécessaire de façon à s'assurer que la mise en œuvre de la solution est socialement souhaitable.

Nommées d'après Arthur C. Pigou, les taxes pigouviennes ont pour but d'internaliser les externalités en en faisant peser le poids sur les pollueurs. Le principal avantage du dispositif est sa simplicité de mise en œuvre : en pénalisant financièrement le recours aux solutions les plus polluantes, l'État les décale dans la courbe d'ordre de mérite au profit des solutions plus propres. Il permet également de dégager un double dividende : réduction de la pollution et création d'une ressource pour les finances publiques. Son principal inconvénient est que le dispositif augmente les prix mais que son effet sur le niveau effectif de pollution ne sera pas forcément avéré, surtout si les consommateurs ne modifient pas leur demande en fonction du prix (élasticité-prix faible), ce qui est par exemple le cas pour l'essence. Il est également particulièrement complexe de définir un « juste prix » pour le niveau de taxation qui permette de fournir les incitations sans pour autant asphyxier le secteur ou les consommateurs.

Les marchés de « droits à polluer » sont une alternative qui permet d'orienter le marché sans contraindre les choix des opérateurs privés. Ces marchés découlent de l'application du théorème de Coase, selon lequel il est possible d'obtenir une allocation optimale des externalités à condition que les droits de propriété soient correctement définis et que les coûts de transaction soient réduits. Le principe est de limiter le montant maximal de la pollution autorisée et de répartir ces montants entre les différents acteurs sous la forme de certificats, ou droits à polluer. Les producteurs polluant moins que leur quota ont alors la possibilité de les revendre aux producteurs excédant les leurs (principe du cap and trade). En fin de période, si la pollution émise par un acteur dépasse le nombre de droits qu'il a pu se procurer, l'État lui inflige alors une amende importante. Un marché avec un prix pour la pollution émergent alors, envoyant un signal économique favorisant les activités les moins polluantes. L'avantage de ce système est qu'il permet de fixer *ex ante* le niveau maximal de pollution, ce qui est particulièrement utile dans une optique de respect d'objectifs nationaux de réduction des émissions de GES par exemple. L'inconvénient majeur est qu'il est impossible de prévoir le coût des droits à polluer et que celui-ci peut descendre à des niveaux tellement faibles que le signal économique perd son sens. C'est le cas par exemple sur le marché européen du CO_2 sur lequel le prix de la tonne s'est effondré, la crise ayant drastiquement réduit les émissions.

DÉFINITION

EU Emissions Trading System

Lancé en 2005, le marché européen du CO_2, *EU Emissions Trading System (EU-ETS)* concerne en 2015 plus de 11 000 installations énergétiques et industrielles, ainsi que les compagnies aériennes, et couvre plus de la moitié des émissions de CO_2 européennes.

La contribution à l'émergence de nouvelles technologies est une autre opportunité pour l'État d'influer sur le mix énergétique. En amont, cela passe par un soutien aux travaux de R&D, sous la forme de recherche fondamentale (ITER, par exemple), de subventions aux laboratoires et d'encouragements fiscaux à la recherche privée. La phase la plus délicate est ensuite celle de l'industrialisation de ces technologies. Les petites séries ou les technologies non polluantes à rendement faible ne sont en effet pas compétitives avec les solutions de production existantes (elles ne sont pas à parité réseau, c'est-à-dire qu'elles ne peuvent pas produire sur une base rentable au prix du marché). Pour dégager la rentabilité suffisante pour amener ces technologies à maturité, une subvention publique est alors nécessaire. Elle prend souvent la forme de tarifs de rachat garantis pour l'électricité produite. Historiquement, ils ont souvent été attribués automatiquement, tout producteur utilisant une certaine technologie pouvant en bénéficier. Ceci peut mener à des situations de surinvestissement et à une hausse non maîtrisée du coût de l'électricité pour les consommateurs. Désormais pour les grandes installations, des contrats prédéfinis, en liens avec les prix de marché (*contract for difference*), ou des appels d'offre accordés au producteur demandant le prix pour l'énergie produite le plus bas sont également utilisés par les États.

L'État dispose donc de nombreux leviers pour intervenir directement ou indirectement sur le mix énergétique mais cela pose la question fondamentale de la cohérence des objectifs et des moyens. Un objectif environnemental peut ainsi être opposé à un objectif social d'accessibilité à l'énergie. La coordination des différents instruments de politique publique et de leurs effets croisés est ainsi une préoccupation majeure émergente pour la puissance publique. Par exemple le succès des subventions aux ENR peut aller à l'encontre d'un prix élevé sur les marchés du carbone qui lui-même est censé pousser vers les technologies plus propres.

III Assurer la sécurité d'approvisionnement

Toute économie est tributaire de la disponibilité d'énergie finale pour permettre son fonctionnement et son développement. Cette énergie finale dépend des ressources primaires et des moyens utilisés pour leur conversion et leur transport. La sécurité d'approvisionnement énergétique est au centre des préoccupations des gouvernements pour défendre des intérêts privés et publics, et également le bien-être des consommateurs. Il s'agit pour un État de s'assurer un accès constant aux ressources énergétiques nécessaires. La sécurité d'approvisionnement se définit comme un flux régulier en énergie finale à un prix acceptable. Pour les pays importateurs d'énergie, elle est une composante fondamentale des politiques énergétiques depuis le premier choc pétrolier. Toute discussion sur la sécurité d'approvisionnement entraine une réflexion sur les risques existants et les solutions à envisager pour l'ensemble des filières. Cette réflexion est très liée à celle sur l'indépendance énergétique avec la prise en compte des dimensions temporelles.

1. Risques existants le long des filières énergétiques

Le secteur de l'énergie doit faire face à de nombreuses incertitudes et risques qui ont un impact sur la sécurité d'approvisionnement :

– Risques économiques : retard ou annulation d'investissements avec une crise économique ;

– Risques géopolitiques : guerre dans un pays producteur, nationalisation d'actifs, attaque d'infrastructures… ;

– Risques techniques : accident sur une plate-forme, dans une centrale ou sur le réseau de transport de gaz ou d'électricité ;

– Risques climatiques : limitation des capacités de raffinage américaines après les ouragans Katrina puis Rita ;

– Risques réglementaires : modification en cours des règles d'investissement ou de soutien à tel ou tel type d'énergie.

En reprenant le bouquet énergétique mondial, les enjeux de la sécurité d'approvisionnement apparaissent le long des différentes filières énergétiques. Quelques exemples aussi bien en production que transport-distribution et vente pour illustrer ces risques :

– L'approvisionnement en pétrole est soumis principalement à la géopolitique des réserves avec une concentration de celles-ci dans des pays dits à risques. Le développement des pétroles non conventionnels modifie progressivement aujourd'hui la carte des réserves. La distance qui sépare les lieux de production de ceux de consommation explique en grande partie les tensions et les risques entre les pays exportateurs et importateurs. Le rôle stratégique du pétrole confère donc aux producteurs une rente de monopole.

– Les ruptures d'approvisionnement en gaz ont des conséquences de plus en plus dramatiques avec l'usage croissant de cette énergie primaire pour la production d'électricité. Le transport du gaz, bien plus coûteux que celui du pétrole, représente une activité charnière. Les différentes crises entre la Russie et ses pays de transit révèlent de fortes tensions dans la géographie du gaz. Au-delà de l'offre, le réseau gazier est également soumis à des contraintes de gestion. Le développement d'infrastructures et de voies d'approvisionnement adéquates a fait défaut notamment lors de la crise gazière en Europe de janvier 2009.

– La sécurité d'approvisionnement dans le secteur électrique est cruciale compte tenu de ses spécificités : équilibre permanent offre – demande sur le réseau, non stockabilité, forte volatilité des prix et saisonnalité de la demande. Même si l'organisation des réseaux électriques a été conçue pour garantir la stabilité du système et sa sécurité, des menaces grandissantes apparaissent par exemple avec l'approvisionnement en énergie primaire (souvent en gaz naturel), ou sur l'approvisionnement électrique hivernal notamment en France et en Belgique (gestion des pics de demandes)...

2. Possibles réponses et dimension temporelle

La rupture soudaine et inattendue dans l'approvisionnement énergétique est à distinguer des ruptures de longue durée anticipables.

À court terme, la première solution pour faire face à une rupture d'approvisionnement soudaine est le stockage de la ressource énergétique. Le stockage est un moyen coûteux possible pour le pétrole, le gaz et le charbon mais pas pour l'électricité. Par exemple dans le pétrole, des stocks dits stratégiques existent et sont le résultat d'une politique des pouvoirs publics pour faire face à une rupture grave des approvisionnements. Les pays membres de l'AIE, ont l'obligation de détenir des stocks de pétrole brut et/ou de produits finis équivalent à 90 jours d'importations journalières moyennes nettes ou 61 jours de consommation intérieure journalière moyenne. Pour le gaz naturel, la France, l'Allemagne et l'Italie détiennent environ 22 % de leur demande annuelle sous forme de stocks utilisables en cas de crise d'approvisionnement mais également pour gérer les variations saisonnières de la demande. En revanche, pour l'électricité, le stockage n'est pas encore possible à un prix économiquement compatible avec le marché (cf. chapitre 5).

À moyen terme, pour parer à la rupture d'approvisionnement, la gestion des relations avec les fournisseurs est primordiale. La diversité de ceux-ci et des voies d'approvisionnement permet de diversifier les risques.

À long terme, les réponses qui peuvent être apportées sont de divers ordres et souvent liées à la dépendance énergétique. Cette dernière sous-entend de ne pas être autonome et d'importer une part significative de ses consommations énergétiques. La peur de la rupture d'approvisionnement, néfaste pour l'économie des pays, suscite évidemment des réactions des gouvernements dont :

– l'accroissement de l'efficacité énergétique permet de limiter la consommation d'énergie. Il est coutume de dire « l'unité d'énergie la plus sûre et la moins chère est celle qui n'est pas produite ! ». L'efficacité énergétique est le rapport entre ce qui est produit comme énergie et ce qui est absorbé par un système. La production d'un même service énergétique peut être réduite en coût avec quelques investissements ou une modification de comportements. Par exemple, dans le bâtiment, l'efficacité énergique vise à optimiser la consommation d'énergie en rénovant l'ancien, et en construisant des bâtiments autosuffisants ou à énergie positives (BEPOS). Des règlementations sur l'efficacité énergétique ont vu le jour dans de nombreux pays ;

– la diversification du mix énergétique est une nécessité impérative pour varier et limiter les risques de rupture d'approvisionnement. Aujourd'hui, il n'est pas possible, ni même envisageable, de ne dépendre que d'une seule source d'énergie ;

– le développement d'énergies domestiques compétitives est une solution pour éviter les ruptures d'approvisionnement. Il peut être favorisé par les gouvernements en fonction de leurs objectifs et des contraintes qu'ils s'imposent en termes de coûts économiques et sociaux. Il est alors de leur responsabilité d'inciter aux investissements en exploration – production, à la recherche et développement et aux innovations permettant le développement d'énergies domestiques à moindres coûts ;

– l'adéquation des infrastructures nationales avec des capacités de production et de transport suffisantes sont nécessaires. Elle peut être gérée par les marchés ou les gouvernements qui peuvent également inciter aux investissements ;

– la diversification des filières apparait comme une solution pour essayer d'éviter l'utilisation d'une ressource énergétique. Par exemple, l'optimisation et les innovations dans des filières et secteurs industriels permettent de limiter l'utilisation du pétrole. La réflexion sur les biocarburants et les véhicules électriques en sont des exemples.

3. Indépendance énergétique

L'idée de conquérir « l'indépendance énergétique » est à manier avec précaution. Le terme d'indépendance énergétique est souvent perçu comme positif alors que pour les économistes ce n'est pas toujours le cas : cela dépend à quel coût un pays est énergétiquement indépendant. L'exemple du Japon est souvent cité. Ce dernier a continué son développement après la Seconde Guerre mondiale en important la quasi-totalité de ses besoins énergétiques (pétrole, gaz et charbon) et en parallèle en lançant son programme nucléaire civil. Avec des marchés qui fonctionnent correctement, il vaut mieux parfois s'approvisionner sur ces marchés plutôt que de produire en interne beaucoup plus cher. La sécurité d'approvisionnement ne devrait donc pas être synonyme d'indépendance énergétique dans un monde de concurrence efficace. En Europe, la création d'un marché unique de l'énergie avec des marchés concurrentiels, dès lors que cela est possible, et le développement des interconnections, avec la coopération transfrontalière, s'inscrit également dans cette logique.

Dépendance énergétique de l'Union européenne

Quelques chiffres sur l'Union européenne en 2015 :

– le degré de dépendance énergétique de l'Union européenne est de 53 % (avec 88 % pour le pétrole et 66 % pour le gaz) ;

– la facture annuelle énergétique est d'environ 400 Mds € (avec plus d'1 Md €/jour pour achat de pétrole et de gaz) ;

– la demande d'énergie du secteur du transport représente 94 % des produits pétroliers (dont 90 % sont importés) ;

– pour la consommation de gaz, les deux tiers sont importés de 3 principaux fournisseurs (Russie (40 %), Norvège (33 %) et Algérie (11 %)) ;

– au niveau de l'efficacité énergétique, 90 % du parc de logement ne respecte pas les normes européennes ;

– une comparaison des prix pour les entreprises européennes révèle que le prix de l'électricité est en moyenne 40 % plus cher qu'aux États-Unis, et les prix du gaz sont 3 à 4 fois supérieurs ;

– La Commission européenne a annoncé en février 2015 une série d'action notamment pour le gaz et l'électricité afin de remédier à ces problèmes de coûts et de dépendance énergétique :

☞

☞

– pour le gaz : diversification des sources d'approvisionnements et incitation au développement du gaz naturel liquéfié ;

– pour l'électricité : raccordement entre les différents réseaux nationaux, afin d'utiliser les différences nationales (optimisation avec gestion des excédents des uns pour répondre aux besoins des autres…).

Source : Données BP Statistical Review of World Energy 2015 et Eurostat, 2015

L'intervention de l'État dans le secteur de l'énergie répond donc à de nombreux facteurs exogènes qui viennent limiter le fonctionnement correct de ce dernier. La forte présence publique permet à des marchés concurrentiels d'opérer dans un cadre qui prend en compte à la fois les contraintes d'approvisionnement, des risques et des objectifs de long terme.

Chapitre 3

La réorganisation des industries et la protection des consommateurs

En quelques années, les industries du gaz et de l'électricité ont vu leurs organisations bouleversées fondamentalement : de monopoles verticalement intégrés à des entreprises gérant des activités concurrentielles et réglementées. L'ouverture à la concurrence et la libéralisation des prix, décidées au niveau européen, modifient les règles de fonctionnement avec l'apparition de nouveaux acteurs, activités et marchés. Ces modifications d'organisation ont pour objectif de protéger les intérêts des consommateurs, privés et professionnels, en cherchant notamment à obtenir un approvisionnement sûr en énergie à moindre coût, tout en respectant l'environnement. Le cas de la France est présenté à titre d'exemple.

I Des réponses à des défaillances

Les industries du gaz et de l'électricité sont des industries de réseaux avec des infrastructures aux coûts élevés comme les grandes centrales électriques ou les réseaux (les « lignes » pour l'électricité et les « tuyaux » pour le gaz). Ces infrastructures ont longtemps justifié que leurs opérateurs soient en situation de monopole (public ou sous tutelle) pour notamment amortir les coûts. Progressivement, cette organisation traditionnelle a évolué en prenant compte les innovations technologiques et l'inefficacité de certaines règles.

1. Organisation traditionnelle : réponse aux défaillances de marché

Traditionnellement, les industries de réseaux, du gaz et de l'électricité étaient organisées avec des monopoles réglementés verticalement intégrés c'est-à-dire gérant en leur sein des activités de l'amont, la production, jusqu'à l'aval, la vente aux consommateurs.

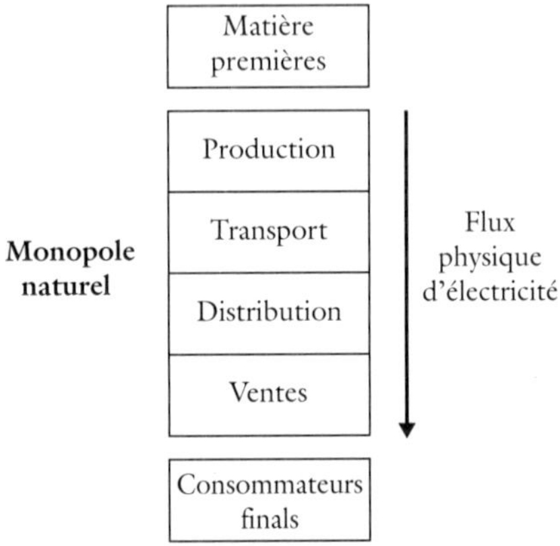

Figure 3.1 – **Organisation traditionnelle**

Si les bienfaits de la concurrence étaient généralement reconnus, une exception dans le cas du monopole naturel était admise. Un monopole naturel est une structure de marché dans laquelle une entreprise est préférable à plusieurs en concurrence. Les mécanismes de coordination par les seules forces du marché ne conduisent pas à une allocation des ressources satisfaisante dans les situations de défaillances du marché. La concurrence n'était pas réalisable dans les industries caractérisées par des économies d'échelle et un effort d'innovation nécessitant des profits élevés. Techniquement, les différentes activités requéraient des entreprises de tailles importantes pour gérer des coûts fixes élevés comme ceux liés à la construction des grandes centrales à charbon ou ceux de développement des réseaux. Si la gamme des solutions au problème du monopole naturel a été mise en œuvre dans une grande variété de secteurs, les solutions appropriées revêtent un caractère tout à fait spécifique dans le cas de l'électricité. Schématiquement, cette spécificité est dictée par la « technique » : l'électricité produite est non stockable et, selon les termes de loi de Kirchhoff, les flux physiques et commerciaux n'empruntent pas nécessairement le même chemin dans les réseaux.

DÉFINITION

Loi de Kirchhoff

G. Kirchhoff a établi les deux lois fondamentales en physique qui s'appliquent sur les circuits électriques :

– Loi des nœuds : la somme algébrique des intensités qui arrivent à un nœud est nulle ;

– Loi des mailles : la somme algébrique des différences de potentiel dans une maille fermée est nulle ;

Les flux d'électricité sont attirés par les points du réseau avec l'intensité la plus faible. Ils ne se déplacent pas nécessairement « en ligne droite ». Les réseaux nationaux européens sont interconnectés sur la plaque continentale, créant ainsi un réseau européen commun sur lequel circule le flux d'électricité.

L'intégration verticale des activités le long des chaînes de valeurs apparaîssait également nécessaire pour la coordination technique des opérations de production et de transport et la planification des investissements de long terme. Les nécessités induites de coordination entre la production et l'allocation via le réseau ont souvent conduit à privilégier des formes d'intégration verticale permettant d'internaliser les contraintes d'ajustement technico-économique.

Intégration verticale

En permanence et pour toutes leurs activités, les firmes doivent choisir entre « *make or buy* » : faire elle-même ou faire-faire par le marché. Une entreprise verticalement intégrée réalise plusieurs activités le long d'une même chaîne de valeur. Par exemple, les entreprises pétrolières sont verticalement intégrées le long de la filière pétrolière : elles réalisent l'exploitation, la production, le raffinage et la vente.

Les explications du recours à l'intégration verticale varient généralement entre deux pôles non exclusifs :

– Les entreprises s'intègrent verticalement pour accroître leur pouvoir de marché. Cela sous-entend que ce mouvement est par essence suspect, car il permet aux firmes de distordre les règles de la concurrence ;

– Les entreprises choisissent une organisation interne des échanges pour accroître leur efficacité.

En parallèle, l'intérêt général nécessitait que le service public soit assuré. Pour protéger les intérêts des consommateurs, une contrainte de service public définissant, entre autres, un niveau de prix « juste et raisonnable » du gaz et de l'électricité était imposée aux monopoles réglementés.

Sans détailler la réglementation, certains pays ont fait le choix de monopoles publics (France, Mexique...) et d'autres des monopoles privés (États-Unis, Allemagne...). Les prix réglementés, appelés tarifs, étaient décidés par les autorités. En échange de la sécurité d'être protégées en monopole (en termes géographiques et/ou d'activités), les entreprises avaient des obligations de services et d'investissement pour les infrastructures.

La pratique de la réglementation demeure un exercice complexe du fait du nombre élevé de dimensions à prendre en compte. Elle représente l'ensemble des moyens par lesquels les pouvoirs publics influencent directement le fonctionnement d'une activité. Ces moyens peuvent viser un ou plusieurs des objectifs suivants :

– déterminer la structure et l'évolution des prix des biens ou services d'une activité ;

– contrôler le processus d'entrée de nouvelles firmes dans cette activité ;

– structurer l'offre du secteur ;

– fixer des seuils de rentabilité aux entreprises du secteur ;

– satisfaire des contraintes de service public en fixant un niveau de prix et de qualité.

Un régulateur tente de définir un schéma d'incitations qui aura pour but de faire converger les intérêts de l'entreprise régulée (maximiser son profit) avec les siens (typiquement assurer qu'un service de qualité soit rendu à un prix socialement acceptable). La réglementation des prix contribue à cet alignement.

Réglementation des prix

Les quatre principaux modes de régulation des tarifs des monopoles naturels sont :

– Pour la plus ancienne une garantie pour ces entreprises d'un certain taux de rendement sur leurs investissements (*rate of return*, RoR ou encore *cost plus*). Le but est de restreindre les revenus de la firme à un niveau égal au coût total. L'avantage est de garantir aux investisseurs une rémunération suffisante.

☞

☞

– Un plafonnement de la croissance des tarifs de ces entreprises (*price cap*). L'augmentation des prix ne doit pas dépasser un plafond fixé par le régulateur. L'avantage est d'inciter les entreprises à minimiser leurs coûts en cherchant à maximiser la rente.

– Une mise en concurrence virtuelle avec d'autres monopoles régulés de manière comparable (*yardstick competition*). Une entreprise de référence est déterminée et toutes les autres reçoivent une rémunération correspondant à son niveau de performance. L'avantage est de créer une émulation entre les entreprises et de minimiser les informations dont a besoin le régulateur.

– Un partage des gains de productivité entre le monopole et les consommateurs (*profit-sharing*). Dans ce cas de figure, l'entreprise peut conserver à son bénéfice une partie des gains de productivité effectués mais doit reverser l'autre aux consommateurs. L'avantage est que l'incitation à la maîtrise des coûts est partagée avec le consommateur.

Ces modes de régulation présentent également des limites, comme l'absence d'incitation à la minimisation de coûts pour la méthode *cost plus* ou à la qualité pour le *price cap*.

La question qui se pose au régulateur est alors de savoir quel modèle de réglementation sera le mieux adapté aux entreprises qu'il encadre. Pour cela, la technique du « choice of menu » permet de réduire les asymétries d'information : une entreprise ne maîtrisant pas ses coûts choisira le cost plus une entreprise ne souhaitant pas s'engager sur la qualité ou réaliser des investissements aura plus tendance à choisir un plafonnement des tarifs, etc. Le choix même donnera au régulateur des informations sur la situation de l'entreprise.

La régulation incitative

Afin de faire converger les intérêts de l'entreprise régulée avec les siens, le régulateur peut également mettre en place une régulation incitative. Il s'agit de récompenser ou de pénaliser l'entreprise, voire ses dirigeants, en fonction d'un certain nombre d'indicateurs reflétant la performance technique, économique ou même environnementale. Il n'est ainsi plus rare dans les industries de réseau européennes de voir le régulateur accorder des bonus/malus de rémunération aux monopoles en fonction de la qualité de service au consommateur. L'enjeu est alors de définir des seuils pertinents pour ces indicateurs qui soient à la fois

☞

☞

incitatifs et compatibles avec la situation de l'entreprise. Afin de limiter les problèmes liés à l'asymétrie d'information, le régulateur peut définir de manière temporaire des indicateurs « d'information » sur lesquels l'entreprise rapportera sa performance annuelle. L'observation des données sur une période de quelques années permet ensuite de définir des cibles incitatives pertinentes.

Au final, la définition d'une régulation optimale pour un monopole est un processus long, complexe et surtout itératif du fait des asymétries d'information. Ceci explique la relative instabilité des cadres régulatoires, des changements importants étant adoptés dans la plupart des pays européens au terme de chaque période de régulation (généralement comprises entre 3 et 5 ans).

2. Ouverture à la concurrence : réponse aux défaillances de la règlementation

Au début des années 70, de nombreuses critiques de la réglementation ont vu le jour, principalement aux États-Unis. L'accent a été mis sur les défaillances de la réglementation, à savoir les distorsions induites par le processus réglementaire lui-même. La dichotomie entre la firme réglementée et son autorité de tutelle, chargée d'en contrôler la gestion sans disposer de toutes les informations nécessaires, a mené à des résultats éloignés de l'allocation optimale recherchée. Avec la réglementation des prix, toute incitation à la minimisation des coûts avait été supprimée, créant des rentes de situation et des inefficacités. Les coûts des entreprises étaient couverts par le tarif de vente décidé par le régulateur.

Une des problématiques fondamentales de la régulation des monopoles est celle de l'asymétrie d'information. En économie, la théorie a été développée par Georges A. Akerlof pour décrire les situations dans lesquelles différentes parties à un échange ne disposent pas des mêmes informations sur le bien ou le service objet de l'échange. Il s'agit donc d'une situation où la théorie de la concurrence pure et parfaite ne s'applique pas. Dans le domaine de la régulation, les asymétries d'information aboutissent au problème principal-agent.

Le problème « principal-agent » émerge dans les situations où un acteur (le principal) demande à un autre acteur (l'agent) d'agir pour son compte. Les deux acteurs agissent dans leur propre intérêt et ne disposent pas des mêmes informations. Le principal va donc chercher à contrôler l'action de l'agent pour que ses résultats maximisent son utilité, tandis que l'agent va a contrario remplir sa tâche en poursuivant son propre intérêt. La question fondamentale devient alors celle de l'alignement des intérêts entre les deux acteurs.

En outre, avec l'asymétrie d'information, les intérêts des entreprises, de maximisation de profit, ont souvent été ceux des autorités : cette situation correspond à la capture des régulateurs.

En parallèle, des innovations technologiques ont remis en question le statut de monopole naturel en production et en vente. Par exemple, de petites unités de production au gaz ont progressivement concurrencé les grandes centrales à charbon. Dès lors, l'organisation traditionnelle avec la règlementation telle que définie n'avait plus de raisons d'exister. Rendre les activités « contestables » est devenu la priorité. Un marché est dit contestable dès lors qu'il y a libre entrée – sortie sans obstacle. La menace de concurrents est alors suffisante pour limiter le comportement de la firme installée

DÉFINITION

Un marché contestable

La théorie des marchés contestables (Baumol, Panzar & Willig, 1982) tend à montrer que des configurations fermées peuvent, sous certaines conditions, être ouvertes à de nouvelles formes de concurrence, en facilitant l'entrée sur le marché et en cassant les structures verticalement intégrées. Elle distingue les situations dans lesquelles il existe un équilibre de marché sans rente de monopole de celle où aucun équilibre ne peut résulter du libre jeu du marché. La libre entrée, dans les industries où les coûts fixes n'étaient pas irréversibles, pouvait suffire à réguler les marchés correspondant, quel que soit leur degré de concentration. L'analyse du monopole naturel était ainsi renouvelée et les mécanismes concurrentiels reconsidérés.

Une modification d'organisation devenait nécessaire avec les transformations de l'environnement économique international, les réflexions sur les modes d'organisation des industries de réseaux et la détérioration des performances des entreprises de réseaux. Depuis la fin des années 70 aux États-Unis, puis dans les années 90 en Europe, les secteurs de l'électricité et du gaz ont été progressivement déréglementés. La déréglementation ne signifie pas la fin de la réglementation, mais la mise en place de règles moins nombreuses et plus efficaces. La priorité était les intérêts des consommateurs, résidentiels et industriels. Les objectifs des réformes étaient d'obtenir une baisse des prix par celle des coûts et une amélioration de la qualité des services grâce aux pressions concurrentielles.

II Des marchés de l'électricité et du gaz

La libéralisation des marchés de l'énergie est un processus qui a consisté à limiter l'intervention de la puissance publique et à introduire de la concurrence dès lors que c'était possible. Le marché de l'électricité ou celui du gaz a été remplacé par plusieurs marchés : marché de gros pour la production, marché de capacité de transport, marché de détails pour la vente aux consommateurs finals... Le principe générique des nouvelles organisations revient à introduire des séparations pour engager une désintégration verticale (*unbundling*) envisageable à différents niveaux : entre la production et le transport, le transport et la distribution, la distribution et la commercialisation. Les réseaux de transport et de distribution tiennent, dans ce cadre, une part spécifique dans la mesure où, au plan technique, ils gardent leurs monopoles naturels et où ils deviennent des instruments de coordination économique entre acteurs du marché.

DÉFINITION

Séparation verticale

Trois niveaux de séparation verticale existent :

– séparation fonctionnelle et comptable des différentes activités (notamment régulées et concurrentielles) ;
– dissociation juridique avec la création de filiales juridiquement bien identifiées au sein des groupes encore intégrés ;
– dissociation patrimoniale totale des activités (*ownership unbundling*) avec la création d'entreprise indépendante.

1. Rappel du processus européen

Les consommateurs européens se trouvent au centre des préoccupations des régulateurs car ils sont les premiers à ressentir et à bénéficier des avantages liés à l'ouverture à la concurrence. Le processus européen s'est réalisé en plusieurs étapes représentées par les directives et règlements regroupés en paquets législatifs appelés « paquets énergie ».

Le 1er paquet énergie de la fin des années 90 concerne les règles communes, pour le marché intérieur du gaz et de l'électricité, créées à partir de plusieurs marchés nationaux indépendants. Certains États membres, dont le Royaume-Uni, précurseur, avaient déjà engagé des réformes depuis plusieurs années. Ces premières directives prévoyaient pour les consommateurs « éligibles » le libre choix du fournisseur, la liberté d'établissement géographique pour les producteurs, et l'accès des tiers aux réseaux qui sont considérés comme le cœur du système. Concrètement, ce 1er paquet a mis fin au monopole de production, a imposé aux anciens monopoles verticalement intégrés la séparation des activités, et a commencé à ouvrir à la concurrence l'activité de détails pour les « gros » consommateurs uniquement (éligibilité en fonction de la consommation).

DÉFINITION

Accès des Tiers au Réseau

L'Accès des Tiers au Réseau (ATR) consiste à garantir un accès équitable et transparent au réseau aux entreprises l'utilisant sans nécessairement en être propriétaires. Un droit d'utilisation du réseau de transport ou de distribution d'énergie est reconnu contre le paiement d'un tarif d'accès identique pour tous.

Le 2e paquet énergie de 2003 a précisé la notion de service public et celle de l'éligibilité des consommateurs en fonction de leur catégorie (professionnels ou privés). L'objectif principal était de fixer un agenda commun de libre choix des fournisseurs.

Le 3e paquet énergie de 2009 a continué la formation d'un marché unique européen avec la séparation entre les activités de gestion des réseaux de transport et de distribution (tuyaux et lignes) et celles de production et de fourniture. L'objectif de cette séparation verticale est la mise en concurrence en évitant qu'un opérateur prenne le contrôle de l'ensemble de la chaîne de valeur. Une Agence de coopération des régulateurs (ACER) et un Réseau européen des gestionnaires de réseaux de transport de l'électricité (ENTSO-E) et de gaz (ENTSO-G) ont été créés pour faciliter la coordination européenne, les interconnexions et les échanges entre pays.

Tableau 3.1 – **Processus d'ouverture dans l'Union européenne**

Période	
1er paquet énergie : – Directive 1996 (électricité) – Directive 1998 (gaz)	Règles communes pour le marché intérieur de l'énergie.
2e paquet énergie : Directives 2003	Agenda commun d'ouverture à la concurrence. Protection des droits des consommateurs. Sécurité d'approvisionnement. Protection de l'environnement...
3e paquet énergie : Directives 2009	Création d'une agence de coopération des régulateurs de l'énergie. Création d'un réseau européen des gestionnaires de réseaux de transport de l'électricité et du gaz. Séparation des réseaux et de la production. Définition des obligations de service universel. Accès aux installations de stockage et de gaz naturel liquéfié...

Depuis sa création, l'Union européenne cherche à construire un marché intérieur de l'énergie concurrentiel, intégré et fluide, qui doit permettre l'approvisionnement des consommateurs à moindre coût. Centrée sur les priorités de sécurité d'approvisionnement – compétitivité – changement climatique, la Commission a adopté en 2008 un paquet « énergie-climat » en pleine période de croissance économique et de prix élevés des matières premières. Des objectifs pour 2020 ont été définis connus sous le nom de « 3x20 » :

– Accroître à 20 % la part des énergies renouvelables dans le mix énergétique ;

– Réduire de 20 % les émissions de CO_2 ;
– Augmenter de 20 % l'efficacité énergétique.

Ces objectifs ont été renforcés pour certains pour 2030 lors de la révision du paquet « énergie – climat » en 2014 :

– Le seul objectif contraignant est la réduction de 40 % des émissions par rapport à 1990 ;
– Accroître à 27 % la part des énergies renouvelables dans le mix énergétique ;
– Augmenter de 27 % l'efficacité énergétique.

Les difficultés liées à la mise en œuvre des objectifs du 3x20 deviennent aujourd'hui visibles, alors que par exemple des États membres revoient leur politiques de soutien en faveur des énergies renouvelables afin de limiter les coûts pour les consommateurs et de préserver la compétitivité industrielle.

2. Union européenne de l'énergie

Pour surmonter les défis énergétiques et également climatiques, la Commission se recentre sur la création du marché intérieur européen de l'énergie. En février 2015, elle a présenté sa nouvelle feuille de route vers une « Union européenne de l'énergie » reposant sur cinq axes :

1. La stratégie européenne de sécurité énergétique, renforcée en mai 2014 après la crise ukrainienne. À moyen terme, l'Union européenne cherche à parler d'une seule voix avec ses fournis seurs (ou au moins que plusieurs pays s'expriment d'une seule voix), d'accroître la production locale, de diversifier les sources d'approvisionnement, et de développer les infrastructures et interconnexions pour fluidifier les marchés ;
2. Le marché intérieur de l'énergie qui repose sur la libéralisation et l'essor des interconnections. Une nouvelle organisation (« *market design* ») doit voir le jour prochainement avec une coordination des capacités de production notamment renouvelables, un essor des capacités de stockage, et des règles d'échanges transfrontaliers ;

3. L'efficacité énergétique, avec une initiative sur les financements intelligents, un paquet transport routier à l'étude ;
4. La décarbonisation de l'économie avec nouveau paquet « énergies renouvelables » annoncé en accord avec les objectifs de 2030 cités ;
5. L'innovation avec un plan d'aide à la recherche.

Sur le plan international, l'Union européenne souhaite s'exprimer d'une seule voix dans les négociations internationales et jouer un rôle important dans l'après Kyoto. La conférence climat de Paris en 2015 est une étape décisive (cf. chapitre 4).

3. Organisation actuelle

Une nouvelle organisation des industries du gaz et de l'électricité est en train de voir le jour en Europe. Aujourd'hui, les activités de production et de vente sont ouvertes à la concurrence. Les activités de transport et de distribution utilisant les réseaux sont toujours considérées comme des monopoles naturels et demeurent donc réglementées (avec des tarifs d'accès). Les fonctions de gestionnaire du réseau et d'opérateur énergétique ont été séparées, de façon à permettre la mise en concurrence des opérateurs. Les bienfaits de la concurrence avec cette nouvelle organisation sont attendus pour et par le consommateur européen.

Des marchés de gros ont été créés, c'est-à-dire des marchés où l'électricité, ou le gaz, est négociée (vendue par les producteurs et achetée par les fournisseurs) avant d'être livrée sur le réseau à destination des clients finals. Les transactions peuvent se faire :

– de gré à gré direct, soit en bilatéral : par exemple, les contrats gaziers à long terme, par le biais desquels l'essentiel du gaz est importé de Russie, de Norvège et d'Algérie ;

– de gré à gré intermédié, c'est-à-dire via un courtier ;

– sur des bourses dont plus d'une vingtaine existent en Europe. Les deux principales sont EPEX Spot (*European Power Exchange*) comprenant les marchés français, allemand, autrichien et suisse (soit 40 % de la consommation européenne) et Nord Pool Spot qui comprend les marchés des pays nordiques, l'Estonie et la Grande-

Bretagne. Hormis les échanges spots, les transactions peuvent être uniquement financières (avec des instruments à termes et optionnels) ou aboutir à une livraison physique sur le réseau.

En 2012, 43 % des volumes d'électricité consommés ont fait l'objet de transactions sur le marché de gros avec la moitié en bourse (mais à des degrés différents suivant les pays). Optionnelles, les bourses répondent à une logique concurrentielle permettant la formation d'un prix reflétant l'équilibre de l'offre et de la demande. Elles réduisent également le risque d'approvisionnement en ayant des échanges au niveau européen, car presque aucun pays ne peut aujourd'hui couvrir ses besoins énergétiques à partir de ses propres ressources.

Au niveau de l'activité de transport, des gestionnaires de réseau de transport (GRT) existent. Ces entreprises réglementées sont chargées de la gestion de tout ou partie d'un réseau de transport d'électricité ou de gaz. Elles doivent s'abstenir de toute discrimination entre les utilisateurs, notamment les entreprises qui leur sont liées. Leur rôle essentiel est d'assurer l'équilibre constant entre l'offre et la demande en optimisant le réseau. Il existe en Europe 43 GRT dans le gaz et 41 dans l'électricité.

Le réseau de transport est complété par le réseau de distribution, auquel sont reliés la plupart des consommateurs. Dans l'électricité, seuls quelques gros consommateurs (dits électro-intensifs) sont directement connectés au réseau de transport qui correspond aux lignes « haute tension » entre le lieu de production et les zones de consommation (« autoroutes de l'électricité »). Le réseau de distribution comprend des lignes « moyenne et basse tensions » acheminant l'électricité chez le consommateur (« routes de l'électricité »). Le gestionnaire du réseau de distribution de gaz ou d'électricité doit garantir l'accès sans discrimination (c'est-à-dire assurer le raccordement et l'accès des clients dans des conditions transparentes, objectives et non discriminatoires). L'immense majorité des unités de production d'électricité décentralisées (photovoltaïque, éolien) sont directement raccordées au réseau de distribution sans passer par celui de transport.

Depuis juillet 2007, date de l'ouverture à la concurrence des marchés de l'énergie, les consommateurs européens peuvent choisir librement leur fournisseur. L'activité de détail consiste à vendre de l'énergie achetée en gros ou produite, en fournissant éventuellement des services complémentaires. Des entreprises sont en concurrence pour vendre de l'électricité et/ou du gaz aux consommateurs finals.

La nouvelle organisation n'est pas pour autant figée car la construction du marché unique continue. Près de 20 ans après l'introduction de la première directive électricité, le consommateur sort-il gagnant ? La mise en concurrence des opérateurs permet de proposer une plus grande variété d'offres. Mais par exemple les prix de détail de l'électricité ont nettement augmenté (de presque un tiers entre 2008 et 2013 selon Eurostat). Les consommateurs privés sont confrontés à une plus grande précarité énergétique. Certains acteurs proéminents du marché perdent en compétitivité, constatent des pertes massives sur leurs activités traditionnelles et investissent dans d'autres zones géographiques. Les choix politiques apparaissent parfois en contradiction avec les objectifs d'investissement pour assurer l'approvisionnement du consommateur final et d'efficacité du système au moindre coût pour offrir un prix bas. Par exemple, la recherche de la réduction des émissions apparaît comme une priorité qui a parfois conduit à des choix nationaux en défaveur d'investissements. En effet, le soutien aux énergies renouvelables peut biaiser le marché. Le trilemme demeure difficile à résoudre : assurer un approvisionnement à un moindre coût tout en respectant l'environnement.

4. Politique de la concurrence

Avec les réformes en cours dans le secteur de l'énergie, les autorités veillent au respect des règles concurrentielles. La politique de la concurrence en Europe vise à encadrer les comportements des entreprises afin de favoriser l'instauration et le maintien de la concurrence entre les différents acteurs du marché. Elle cherche à faciliter le fonctionnement du marché en favorisant la concurrence. La concurrence n'est pas une fin en soi, mais un moyen d'accroître l'efficacité économique.

DÉFINITION

Piliers de la politique de la concurrence

Au niveau européen, quatre piliers existent :

– L'antitrust qui se divise en deux : la lutte contre les abus de position dominante et les accords entre entreprises ;
– Le contrôle des concentrations ;
– Les aides de l'État ;
– Le processus de libéralisation ;
– Le passage à des prix régulés (tarifs)…

Les deux premiers piliers concernent les comportements des entreprises.

Les deux derniers piliers concernent les interventions étatiques nationales. L'Union européenne lutte contre les aides publiques et les monopoles réglementés en ouvrant à la concurrence dès lors que cela est possible.

Avec l'ouverture à la concurrence des industries de réseaux, le thème du pouvoir de marché est remis d'actualité. Le passage des prix régulés à des prix concurrentiels et le développement de marchés multiples accroissent les possibilités de manipulation des prix par des entreprises. L'exercice d'un pouvoir de marché peut éroder les bénéfices que les consommateurs pourraient obtenir de la transition d'une structure de monopoles réglementés à une structure concurrentielle. Dans le processus de restructuration, les autorités doivent s'assurer que la structure créée ne permet pas à un acteur de posséder un pouvoir de marché suffisant pour devenir un monopole non réglementé.

DÉFINITION

Pouvoir de marché

En théorie économique, le pouvoir de marché est défini comme la capacité d'une firme à profitablement fixer les prix, à des niveaux différents de ceux qui résulteraient de la concurrence pure et parfaite, durant une période significative de temps.

La Commission européenne a réalisé une enquête sectorielle sur les marchés du gaz et de l'électricité en 2006. Cette démarche est suffisamment rare et « solennisée » en la circonstance pour mériter l'attention. Elle a confirmé l'existence de distorsions de la concurrence et a identifié les barrières entravant la réalisation du marché intérieur de l'énergie. Cette enquête sectorielle (European Comission Competition DG 2006) avait mis en évidence l'absence de pressions concurrentielles avec les imperfections des marchés, notamment l'existence de barrières à l'entrée, l'information limitée et la structure oligopolistique avec des opérateurs historiques dominants.

La Commission européenne souhaite garantir aux consommateurs le prix le plus juste et le meilleur service. La lutte contre les abus de pouvoir de marché est prioritaire avec la remise en question des positions dominantes des opérateurs traditionnels, limitant les gains liés à la concurrence. La conséquence n'est pas seulement un transfert de bien être des consommateurs vers les opérateurs, mais également un impact sur l'efficacité. Ce sujet est d'autant plus important que les effets du pouvoir de marché érodent les bienfaits de la dérégulation. En outre, la rétention de capacités de production, comme abus de pouvoir de marché, peut, d'une part, créer des ruptures d'approvisionnements à court terme et, d'autre part, envoyer un signal prix « incorrect » à long terme (pas d'incitations à investir au moment voulu avec un signal prix « incorrect »).

Le possible abus de pouvoir de marché dans l'industrie électrique se manifeste traditionnellement par le maintien de position dominante de certains acteurs historiques, renforcée par un mouvement de concentration horizontal. L'évaluation du pouvoir de marché est réalisée en première étape par l'estimation du niveau de concentration des secteurs. Les secteurs concentrés apparaissent en effet, plus vulnérables aux manipulations de prix que ceux atomistiques. Les indicateurs de concentration présentent des inconvénients très connus, notamment lorsqu'ils sont appliqués à l'industrie électrique, car un abus de pouvoir de marché peut s'exercer sans que les entreprises possèdent des parts de marché élevées.

DÉFINITION

Indices de concentration

Les indices de concentration mesurent le degré de domination des firmes en utilisant les parts de marché. La domination est alors définie comme le degré de pouvoir de monopole qu'une firme détient. La concentration dépend de deux principaux facteurs : le nombre d'entreprises et leur taille relative.

L'Indice de Herfindhal Hirschman (HHI) est l'indicateur le plus couramment utilisé. Il correspond à la somme pondérée du carré des parts de marché de toutes les entreprises.

Au niveau européen, dès que le HHI est supérieur à 2000, les autorités estiment que le marché est concentré et des risques de comportements anticoncurrentiels existent. Si le HHI est inférieur à 1000, le secteur est considéré peu concentré et présente peu de risques. Pour un HHI entre 1000 et 2000, des risques existent sur un marché moyennement concentré.

DÉFINITION

Les marchés pertinents

Dans la politique de la concurrence, les règles de définition du marché pertinent sont clairement énoncées et sont liées à la substituabilité au niveau de la demande et de l'offre.

Toute tentative pour mesurer, ou appréhender, le pouvoir de marché, réel ou potentiel, débute par une définition claire du marché pertinent, en termes de zone géographique et de produit :

– Le marché pertinent, au niveau géographique, est la zone dans laquelle les clients peuvent aisément trouver une solution alternative d'approvisionnement ;
– Le marché pertinent, en termes de produit, fait référence aux produits substituables du fournisseur.

Une fois défini le marché pertinent, tache préliminaire déjà ardue, la question du calcul des parts de marché se pose : faut-il calculer sur la base de la capacité installée, des capacités disponibles ou de la capacité utilisée ?

Une fois décidée la base de calcul, la période d'analyse doit être choisie. Mais sur quelle période de temps faut-il calculer les indicateurs ? Certains acteurs peuvent avoir des positions très différentes sur un marché en fonction des heures de la journée : chaque demi-heure représente un marché pertinent peut être défini soit 17 520 marchés pertinents à étudier. À cela s'ajoute le marché géographique qui a des frontières fluctuantes.

Les marchés pertinents dans l'électricité

Le bien considéré, l'électricité, est communément supposé être un bien homogène. Il est néanmoins possible de le différencier en fonction des modes de productions (centrales nucléaires, énergies renouvelables...) et de ses utilisations (secteurs et consommateurs différents). En tenant compte de la structure d'organisation de l'industrie, la définition traditionnelle du marché pertinent n'est pas satisfaisante car elle ne prend pas en compte les différents modes d'échange. Par exemple, sur le marché de gros, la différenciation repose sur le type de contrats. Sur les marchés des capacités d'interconnexions, une capacité de transport est échangée et pas l'électricité en elle-même. L'électricité n'est pas un bien homogène, ce qui est visible du point de vue transactionnel.

En toute rigueur, l'électricité s'échange sur l'ensemble du réseau synchronisé européen. Cependant, l'échelle nationale, et non européenne, peut être retenue car le marché intérieur de l'énergie n'existe pas encore. En outre, l'électricité ne se stocke pas et ne peut pas être transportée que par le réseau existant, lequel est limité à court terme et possède des goulots d'étranglements. La définition du marché provient alors des déséquilibres offre-demande liés à la congestion aux frontières de zones créant des différences de prix. Le marché géographique comprend les compagnies électriques qui sont dans la zone de services à une distance économique de transport à l'intérieur des pays. La taille de la zone peut ainsi évoluer en fonction des congestions apparaissant sur le réseau. De même, la règlementation varie encore d'un pays à l'autre comme, par exemple, avec l'existence de tarifs règlementés. Le marché pertinent géographique demeure national en raison des contraintes de congestion, des règlementations tarifaires, des mécanismes d'allocations des capacités d'interconnexion, des habitudes de consommation et des modes de production... même si les contacts multi-marchés et la construction européenne incitent à penser le contraire. Dans l'industrie électrique, le marché géographique pertinent est national pour la production (marché de gros et contrats bilatéraux), zonal pour le transport, local pour la distribution et national pour les ventes aux consommateurs finals.

L'analyse du pouvoir de marché dans l'industrie électrique ne se limite pas aux parts de marchés conférant une position dominante. Les caractéristiques du bien « électricité » rendent possible l'abus de pouvoir de marché par des firmes possédant une faible part de marché. La complexité de cette industrie, due au bien échangé et à la réorganisation en cours, procure à des producteurs la capacité de manipuler profitablement des prix, ne serait-ce que quelques minutes. Un opérateur peut par exemple utiliser les contraintes de transport limitant les importations, ou appeler certaines centrales pour répondre à la demande sans se soucier si ces unités sont les moins coûteuses durant cette période. Le dommage n'est pas nécessairement fonction de la durée d'exercice du pouvoir de marché: certaines hausses de prix à court terme peuvent réduire davantage le surplus du consommateur que des hausses de prix plus faibles sur une durée plus longue. L'analyse devient plus difficile à réaliser car certains instruments économiques traditionnels s'avèrent très faibles. Identifier l'abus de pouvoir de marché et le limiter constituent l'un des défis actuels des autorités dans le secteur électrique.

III Organisation des marchés de l'électricité et du gaz en France

La France, comme tous les États membres, a transposé et appliqué les directives et règlements européens en ouvrant à la concurrence et en modifiant l'organisation de ses marchés du gaz et de l'électricité (cf. figure 3.1).

– La production est devenue une activité concurrentielle avec plusieurs opérateurs.

– Les réseaux de transport sont gérés pour le gaz par GRTgaz (filiale d'Engie) et TIGF (filiale de Total), et pour l'électricité totalement par RTE, Réseau de Transport de l'Électricité (filiale d'EDF). Leur activité est régulée afin d'assurer la continuité du service à moindre coût.

– Les réseaux de distribution comprennent pour le gaz 25 gestionnaires de réseaux de distribution (GRD), dont notamment GrDF (Gaz Réseau Distribution France, filiale d'Engie) et 22 entreprises locales de distribution (ELD). Les réseaux publics de distribution de l'électricité sont la propriété des communes qui, suite à la loi de nationalisation de 1946, en ont délégué à 95 % la gestion à ERDF Electricité Réseau Distribution France (filiale d'EDF). Dans les 5 % du territoire métropolitain restant, la distribution est assurée par 160 ELD. L'activité des gestionnaires de réseau est régulée par la CRE afin de s'assurer du niveau nécessaire d'investissement pour la distribution et de son efficacité à moindre coût.

– La vente aux consommateurs finals est ouverte à la concurrence. Deux types d'offres de prix coexistent: les offres aux tarifs réglementés fixés par les autorités pour les petits consommateurs privés (offres proposées uniquement par les opérateurs historiques EDF, Engie, Tégaz et les ELD) et les offres de marché avec des prix fixés par les fournisseurs.

DÉFINITION

Commission de régulation de l'énergie

La Commission de régulation de l'énergie (CRE), créée en 2000, est l'autorité administrative indépendante chargée de veiller au bon fonctionnement des marchés de l'électricité et du gaz en France au bénéfice des consommateurs finaux et en cohérence avec les objectifs de la politique énergétique.

Depuis 2011, l'Agence européenne de coopération des régulateurs européens (ACER) coordonne les travaux des régulateurs nationaux et participe à la création des codes de réseau afin de faciliter les interconnexions et le développement des infrastructures transfrontalières.

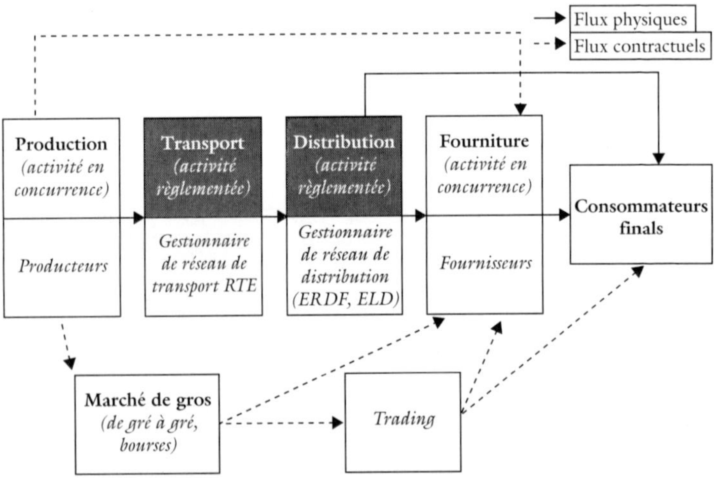

Figure 3.2 – **Organisation de l'industrie électrique en France (2015)**

En 2000, la loi française de « modernisation des services publics » définit de façon assez large le service public qui s'articule autour de trois missions dans l'électricité : le « développement équilibré de l'approvisionnement », le « développement et l'exploitation des réseaux publics de transport et de distribution » et la « fourniture sur l'ensemble du territoire ». Pour les activités réglementées, les opérateurs de réseaux publics ont des obligations strictes. En tant qu'activité d'intérêt général, la fourniture d'électricité doit respecter des obligations : fournir à tous de l'énergie en continu, assurer la sécurité du système, s'adapter à moindres coûts aux évolutions (notamment des besoins, des progrès technologiques et de l'intérêt général), et assurer une solidarité territoriale à travers la notion de péréquation tarifaire (tous les consommateurs français payent le même tarif où qu'ils soient). Des enjeux collectifs sont également présents, avec par exemple la précarité énergétique. Pour les ménages les plus modestes, la part du budget consacrée aux dépenses de l'énergie, en particulier au chauffage, devient une charge importante parfois insurmontable. La mise en œuvre du droit à l'électricité repose à la fois sur un dispositif d'aide au paiement des factures impayées et sur un mode de détermination spécial du prix de vente à certaines catégories de clientèle (tarif social).

DÉFINITION

Tarifs de l'électricité en France

Le tarif payé par les consommateurs privés français se décompose ainsi :

– 38 % pour la production et la vente par le fournisseur avec le coût d'approvisionnement en énergie et le coût de commercialisation ;
– 30 % pour le transport et la distribution avec le Tarif d'Utilisation des Réseaux Publics d'Electricité (TURPE) ;
– 32 % représentées par des taxes décidées par l'État ou les collectivités avec :
  - La TVA, Taxe sur la valeur ajoutée (TVA 15 %) ;
  - La CSPE, Contribution aux charges de Service Public de l'Électricité, de 19,5 €/MWh en 2015 (CSPE 9 % avec notamment un tarif social de l'électricité, des tarifs de rachats des énergies renouvelables, la péréquation tarifaire...) ;
  - La TFCE Taxe sur la Consommation Finale d'électricité (TFCE 6 % décidée par chaque commune) ;
  - La CTA Contribution tarifaire d'acheminement (CTA 2 % régime de retraite des salariés des secteurs régulés).

Le consommateur a toujours été au centre des décisions politiques françaises. Le prix du MWh d'électricité est d'environ 147 € pour un particulier et 115 € pour un industriel en France, soit 30 % environ en-dessous de la moyenne de l'Union européenne (Enerdata 2013). Dans le processus d'intégration européenne des marchés de l'énergie, la France présente un modèle énergétique national atypique construit sur une forte intervention de l'État, des champions de l'énergie, le nucléaire comme la principale source d'électricité (cf. tableau 2 en annexe), et le concept français de service public. Dans le même temps, la France est moins dépendante des importations d'énergie et émet moins de CO_2 par habitant comparée à d'autres États membres (cf. chiffres clés en annexe). Cependant, elle est également confrontée aux mêmes exigences avec les mêmes risques et incertitudes : elle doit diversifier son mix énergétique et améliorer sa sécurité d'approvisionnement tout en appliquant les règles européennes (ouverture à la concurrence, développement des énergies renouvelables, limitation des émissions...).

CHAPITRE 4

Énergie et climat

Publié en 2014, le cinquième rapport du Groupe d'experts intergouvernemental sur le changement du climat (GIEC) confirme sur une base scientifique le lien entre les activités humaines et le changement climatique. Responsables de plus de 80 % des émissions mondiales de gaz à effet de serre, la production et l'utilisation d'énergie par l'industrie, les services, les transports et les particuliers sont responsables au premier chef de la situation. La génération d'électricité et de chaleur est responsable à elle seule de 37 % des émissions mondiales (Banque Mondiale).

Le Groupe d'experts intergouvernemental sur l'évolution du climat

Le Groupe d'experts intergouvernemental sur l'évolution du climat (GIEC) a été créé en 1988 en vue de fournir des évaluations détaillées de l'état des connaissances scientifiques, techniques et socio-économiques sur les changements climatiques, leurs causes, leurs répercussions potentielles et les stratégies de parade. Le GIEC est un organisme intergouvernemental ouvert à tous les Membres de l'Organisation des Nations Unies. Il compte aujourd'hui 195 pays Membres. Les représentants des gouvernements prennent les grandes décisions relatives au programme de travail et élisent les membres et le président du Bureau. Ils participent aussi à la définition des grandes lignes des rapports, ainsi qu'au choix des auteurs et au processus d'examen. Ils acceptent, adoptent et approuvent les rapports lors des sessions plénières.

Le GIEC a reçu le prix Nobel de la paix en 2007 aux côtés d'Al Gore.

Source : GIEC

Plus grave encore, l'Agence Internationale de l'Énergie reconnaît dans son scénario central que même si toutes les mesures prévues actuellement sont effectivement mises en œuvre par les gouvernements, cela ne sera pas suffisant pour limiter la hausse des températures à 2 °C à horizon 2100. Il s'agit en effet là de l'augmentation cible que se sont fixées les Nations unies lors de la Conférence de Cancun en 2010. Bien qu'il génère des changements importants avec une acidification et une hausse du niveau des océans, ce niveau de réchauffement permet encore une adaptation progressive des sociétés humaines à ses conséquences.

L'énergie et le climat sont donc deux thématiques indissociablement liées. Évolution majeure par rapport au XXe siècle, la soutenabilité environnementale du système énergétique mondial acquiert progressivement le même degré d'importance que la capacité d'approvisionnement.

I Perspectives préoccupantes

1. État des lieux

Dans son dernier rapport, le GIEC reconnaît la responsabilité humaine dans le changement climatique et met surtout en garde contre les conséquences généralisées et irréversibles qui vont aller en s'aggravant sur les écosystèmes et les activités humaines. Sans limitations des causes du réchauffement, les températures augmenteraient entre 3,8 et 4,8 °C d'ici à 2100 par rapport à leur niveau préindustriel. Le GIEC établit qu'elles ont d'ores et déjà augmenté de 0,85 °C depuis 1880 et que de manière cumulée près de 2040 milliards de tonnes (Gt) de CO_2 on été émises dans l'atmosphère par l'homme, dont 50 % dans les 40 dernières années.

En 2010, l'humanité a émis 49 Gt de CO_2 avec un rythme d'augmentation annuelle moyenne sur la décennie supérieur à 2 %, rythme qui a lui-même tendance à s'accélérer (+1,3 % par an entre 1970 et 2000).

En supposant que toutes les mesures en faveur de l'environnement soient adoptées, une augmentation des températures de 4 °C génèrera des changements considérables, notamment en termes de réduction de la biodiversité ou de menaces sur la sécurité alimentaire.

Conséquences du réchauffement climatique

Selon le GIEC les conséquences du réchauffement climatique n'affecteront pas toutes les régions du globe avec la même sévérité. Les océans captant environ 30 % des émissions de CO_2, ils devraient continuer à se réchauffer, à s'acidifier et à voir leur teneur en oxygène se réduire. Leur niveau devrait augmenter de quelques dizaines de centimètres au cours du siècle. Les précipitations connaitront une évolution tendancielle : plus importantes dans les régions humides, plus rares dans les régions arides. Les pénuries en eau et les inondations devraient se multiplier, faisant de l'accès à l'eau potable un enjeu primordial.

De manière préoccupante, le réchauffement climatique peut créer une dynamique auto-entretenue : le recul des forêts et la fonte du permafrost devraient relâcher d'importantes quantités de CO_2 dans l'atmosphère contribuant ainsi par effet de second tour au réchauffement.

De nombreux écosystèmes ne pourront pas s'adapter ou migrer et leur survie est ainsi remise en cause. En particulier, les récifs coralliens et les écosystèmes polaires pourraient disparaître et les réserves de poissons risquent de considérablement se réduire.

Par ailleurs, les événements climatiques exceptionnels et particulièrement destructeurs sont appelés à se multiplier, avec un coût économique immense pour la société. Pour les pays développés, cela pose la question de la capacité des assurances et des finances publiques à prendre les dégâts en charge, tandis que pour les pays en développement ces catastrophes peuvent sérieusement compromettre la croissance de rattrapage.

Afin de respecter l'objectif de limiter la hausse des températures à 2 °C à horizon 2100, il serait nécessaire de limiter les émissions cumulées de CO_2 à 1 000 Gt sur la même période. Dans le scénario central de l'AIE, ce « budget CO_2 » sera épuisé en 2040.

2. Responsabilité du secteur de l'énergie

Les émissions directement liées au secteur de l'énergie représentent environ les deux tiers des émissions (32 Gt/an). Le premier responsable est le charbon, la source d'énergie la plus polluante, avec 44 % des émissions, suivi par le pétrole (36 %) et le gaz (20 %) (AIE, 2014).

Du fait de la crise économique, les émissions aux États-Unis et en Europe sont en repli mais ce sont principalement la Chine et l'Inde qui alimentent la dynamique, du fait de la croissance rapide du parc de centrales à charbon dans ces deux pays. Selon l'AIE, l'Europe a déjà atteint son pic historique d'émissions et celles-ci se réduiront dans les années à venir du fait des politiques de réduction des émissions mises en place, tandis que les États-Unis atteindraient leur pic avant 2020 et la Chine peu après 2030. Néanmoins la Chine restera le principal émetteur jusqu'en 2040 et devrait dépasser les États-Unis en termes d'émissions cumulées.

Pour atteindre l'objectif de limiter l'augmentation de la température à 2 °C, ce qui correspond à une concentration atmosphérique de 445 ppm (partie par million) d'équivalents-CO_2 dans l'atmosphère, le secteur de l'énergie devrait réduire ses émissions de 25 % en 2040, par rapport au niveau de 2012. L'AIE a identifié un ensemble de mesures, qui, si elles sont adoptées collectivement avant 2020, ne devraient pas nuire à la croissance économique. Elles concernent l'efficacité énergétique, la restriction de l'utilisation et de la construction de centrales au charbon inefficaces, la réduction des émissions des secteurs amont gaz et pétrole (extraction/production) et la fin des subventions à la consommation pour les énergies fossiles. Leur probabilité de mise en œuvre effective est néanmoins faible. À plus long terme, la réduction des consommations industrielles et surtout des bâtiments est le principal levier d'action pour permettre la baisse des émissions. L'amélioration de l'efficacité énergétique des bâtiments apparaît en effet comme la principale source d'économies d'énergie.

DÉFINITION

Efficacité énergétique

L'efficacité énergétique (ou efficience énergétique) est un état de fonctionnement d'un système pour lequel la consommation d'énergie est minimisée pour un service rendu identique. Il s'agit d'un rapport entre l'énergie produite par ce système dans un but précis et l'énergie consommée.

Du point de vue macroéconomique, l'efficacité énergétique vise à diminuer la demande énergétique globale. Du point de vue microéconomique, les mesures particulières visent à renchérir le coût de consommation de l'énergie et à favoriser par le biais d'aides des unités économiques de plus faible intensité énergétique sous réserve de respecter des normes techniques strictement définies et adaptées.

L'efficacité énergétique permet de réduire les coûts environnementaux, économiques et sociaux liés à la production et à la consommation d'énergie.

3. Analyse du jeu international

Face à ces défis, les États tentent d'organiser une réponse collective. Le climat peut en effet s'analyser comme un bien commun mondial (ou bien public impur), c'est-à-dire un bien dont la consommation n'est pas exclusive mais rivale, à l'échelle planétaire. Autrement dit, la pollution d'une centrale d'un pays contribue au réchauffement climatique qui nuit à l'ensemble des pays. Dans ce contexte, et comme aucun pays n'est responsable d'une part écrasante des émissions, les solutions nationales unilatérales sont dépourvues de sens et seule l'action coordonnée est à même d'apporter des solutions efficaces, qu'elle prenne la forme d'un accord mondial ou d'une série d'accord bi- ou multilatéraux.

DÉFINITION

Les biens publics

Les biens publics sont des biens ou services qui présentent deux caractéristiques communes : la non-rivalité et la non-exclusivité. La non-rivalité signifie que la consommation du bien par un acteur ne réduit pas celle d'un autre acteur. La non-exclusivité signifie qu'un acteur ne peut pas empêcher un autre d'accéder à la consommation du bien par les prix.

Ces deux conditions ne sont jamais absolument remplies mais on peut citer l'ordre public ou la biodiversité comme exemple. Le climat a longtemps été considéré comme l'incarnation même du bien public pur mais les preuves montantes de sa dégradation du fait de l'action humaine montrent que sa consommation présente un caractère rival.

Un bien rival et non-exclusif est appelé un bien commun ou bien public impur tandis qu'un bien non-rival mais exclusif est un bien de club. Un exemple de bien commun est la défense nationale, l'accès à Internet est pour sa part un bien de club.

Source : Bien F. et Méritet S.,
Microéconomie – Les défaillances de marché, collection « LM », Pearson2014

Il existe donc des incitations fortes pour que les États coopèrent entre eux afin de faire émerger une solution commune. Cependant, les mesures à adopter ont toutes un coût économique et créent mécaniquement des perdants. D'abord au sein des pays, les secteurs concernés vont subir des frais et les consommateurs perdront en pouvoir d'achat du fait des dépenses nécessaires à la réduction des émissions. Un exemple concret est la hausse du prix de l'électricité pour le consommateur allemand (+68 % entre 1998 et 2013 pour une famille de trois personnes) qui finance le déploiement massif des ENR dont le coût total de fonctionnement est supérieur à celui des centrales thermiques. Ensuite entre les pays eux-mêmes : les pays imposant des normes techniques restrictives ou mettant un prix sur le carbone via des taxes ou un marché de droits à polluer introduisent par là-même un désavantage concurrentiel pour leurs entreprises. Si ce désavantage est trop important, les entreprises feront alors faillite du fait de la concurrence internationale ou elles délocaliseront leurs activités les plus polluantes dans des pays non-concernés. Du point de vue du climat mondial, la seule solution est alors d'avoir des règles communes et appliquées partout de la même manière.

Les négociations sont cependant ralenties par la configuration même des incitations : il s'agit d'un problème traditionnel de passager clandestin tel que théorisé par Mancur Olson. Les pays pris individuellement ont intérêt à ce qu'un accord collectif soit trouvé mais ils ont également intérêt à ne pas être partie à l'accord pour bénéficier des bienfaits sans en subir les coûts. Plus le nombre de pays signataires est important, plus les pays non signataires bénéficient d'un avantage concurrentiel significatif, les activités polluantes se concentrant sur leur territoire.

Autre problème de taille, si tous les pays sont concernés potentiellement au même titre par les conséquences du changement climatique, les responsabilités et les conséquences des régulations ne sont pas les mêmes pour tous. Ainsi les pays en développement mettent régulièrement en avant l'argument selon lequel les pays développés sont responsables de l'essentiel des émissions historiques et continuent à figurer parmi les principaux pollueurs. D'autre part, ils soulignent que l'augmentation de leurs émissions est une conséquence inéluctable de leur développement économique et que des mesures visant à les réduire seraient autant de freins à l'augmentation du niveau de vie de leur population.

La combinaison de ces différents facteurs a profondément complexifié le jeu international et les efforts se sont jusqu'à récemment principalement concentrés sur les pays occidentaux, et en particulier en Europe. L'enjeu des négociations climatiques des années à venir et commençant avec le sommet de Paris fin 2015 sera donc de réussir à convaincre les principaux pollueurs, États-Unis, Chine et Inde en tête, de convenir d'un accord malgré leurs différences.

II Émergence progressive de solutions

1. Processus de négociations

Si un accord global et contraignant sur le climat et l'environnement n'a encore jamais été trouvé, le chemin parcouru est long et les efforts diplomatiques ont été importants.

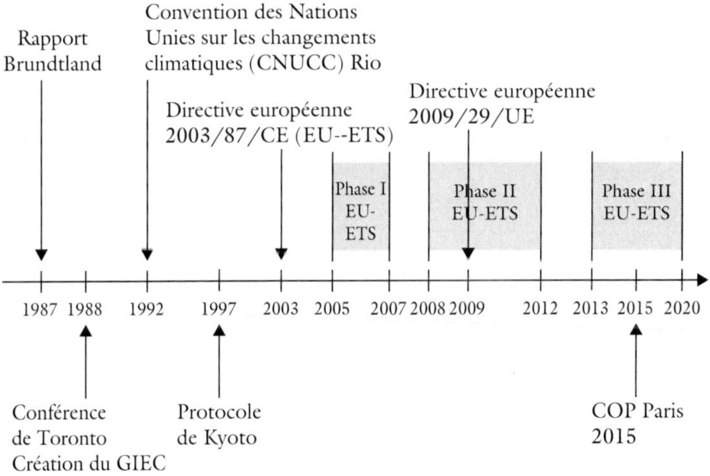

Source : Hansen J.P. et Percebois J., *Énergie, Économie et Politiques*, De Boeck, 2011

Figure 4.1 – **Processus de négociations**

La prise de conscience des problématiques environnementales émerge progressivement dans les années 1960. En 1972, le Club de Rome est le premier à officiellement s'interroger sur les limites potentielles à la croissance du fait des contraintes pesant sur l'environnement.

C'est en cette même année qu'est créé le Programme des Nations Unies pour l'environnement (PNUE). De son travail émanera en 1987 le rapport de la Commission réunie sous la présidence de Gro Harlem Brundtland qui posa la première définition du développement durable.

DÉFINITION

Le développement durable

« Le genre humain a parfaitement les moyens d'assumer un développement durable, de répondre aux besoins du présent sans compromettre la possibilité pour les générations à venir de satisfaire les leurs. La notion de développement durable implique certes des limites. Il ne s'agit pourtant pas de limites absolues mais de celles qu'imposent l'état actuel de nos techniques et de l'organisation sociale ainsi que de la capacité de la biosphère de supporter les effets de l'activité humaine. Mais nous sommes capables d'améliorer nos techniques et notre organisation sociale de manière à ouvrir la voie à une nouvelle ère de croissance économique. [...] Or, la misère est un mal en soi, et le développement durable signifie la satisfaction des besoins élémentaires de tous et, pour chacun, la possibilité d'aspirer à une vie meilleure. Un monde qui permet la pauvreté endémique sera toujours sujet aux catastrophes écologiques et autres. »

Source : Rapport Brundtland, 1987, p. 14

Sur la base des recommandations du rapport, la conférence de Toronto en 1988 définit les premiers objectifs de réduction des émissions de CO_2, - 20 % en 2005. Quelques mois plus tard le GIEC est créé afin d'étudier les émissions et leur impact environnemental mais également social et économique. Il publie son premier rapport en 1990.

L'année 1992 est celle de la signature de la convention-cadre des Nations Unies sur les changements climatiques (CCNUCC) lors du Sommet de la Terre à Rio. La convention pose le principe d'une stabilisation des gaz à effet de serre et reconnaît des responsabilités différentes aux États en fonction de leurs émissions passées et de leur niveau de développement.

DÉFINITION

Conférence des Parties

La conférence des parties (COP) regroupe les 196 signataires de la CCNUCC avec pour objectif d'adopter toutes les mesures nécessaires à sa mise en œuvre. Elle se réunit tous les ans depuis 1995.

L'étape suivante significative a été la COP-3, à l'occasion de laquelle le Protocole de Kyoto a été signé. Il introduit un objectif de réduction des émissions de GES de -5 % par rapport à leur niveau de 1990 et des engagements chiffrés pour les pays développés de réduction sur la période 2008-2012. Ces quotas sont définis sur une base nationale et peuvent être échangés.

L'Union européenne, signataire du protocole, a fait le choix en 2003 de mettre en œuvre ses obligations par le biais d'un marché de droits à polluer, le système européen d'échange des émissions (EU-ETS, cf. chapitre 2 pour la théorie des marchés de la « pollution »).

2. Marché européen des émissions

Les États membres disposent de quotas nationaux d'émissions de gaz à effets de serre. Durant une première période de 2005 à 2007, la Commission laissait à chaque État le soin de répartir les quotas initiaux entre les différentes installations assujetties à l'obligation de détention. Celles-ci pouvaient ensuite procéder à l'échange des quotas (*European Allowances*, EUA) sur le marché du carbone.

Durant la seconde phase de 2008 à 2012, l'allocation s'est faite en fonction d'un plan national d'allocation des quotas (PNAQ) détaillant les modalités et les critères d'attribution.

En l'absence d'un accord post-Kyoto, l'Union européenne a adopté une révision majeure de son système en 2009, afin de lancer une troisième phase de l'ETS. Avec l'objectif de réduire ses émissions de 20 % en 2020 par rapport à leur niveau de 2005, l'UE s'est fixée un quota européen et non plus national. L'attribution aux producteurs des droits à polluer se fait également désormais sur la base d'enchères et non plus gratuitement et leur niveau se réduit de 1,74 % par an.

Des difficultés sont néanmoins apparues sur le marché avec la réduction de l'activité économique liée à la crise. La chute du prix des droits à polluer a réduit la valeur de leur signal économique. Aussi la Commission européenne a-t-elle proposé de reporter une partie des enchères annuelles afin de réduire les quantités disponibles sur les marchés et d'en augmenter les prix. Les principales propositions concernent néanmoins la future quatrième phase de l'EU-ETS qui s'ouvrira en 2021. Une réserve d'équilibre pourrait être ainsi créée pour stabiliser les marchés en cas de fluctuations importantes des prix. De plus, la mise en œuvre du nouvel objectif d'une réduction des émissions de GES de 40 % par rapport à leur niveau de 1990 à horizon 2030 devrait permettre de faire mécaniquement remonter le prix des quotas avec une réduction annuelle des volumes disponibles de 2,2 % (Commission européenne).

3. Maîtrise de la demande d'énergie (MDE)

Remontant aux premiers chocs pétroliers, la maîtrise de la demande d'énergie n'est pas un concept nouveau. Par contre sa mise en œuvre dans un contexte de préoccupation environnementale est une évolution récente. En effet, si la pollution a désormais un coût économique, il peut devenir plus intéressant du point de vue financier de réduire ses consommations plutôt que d'investir dans des moyens de production moins émetteurs de GES. L'amélioration de l'efficacité énergétique est ainsi au cœur des objectifs européens (cf. chapitre 3).

DÉFINITION

Maîtrise de la demande d'énergie

La maîtrise de l'énergie (MDE) a pour objectif de faire réaliser des économies d'énergie par le consommateur. Elle comprend notamment la maîtrise de la demande en électricité qui vise à réduire les consommations d'électricité dans tous les secteurs pour ainsi réduire le coût de production et l'impact environnemental. Elle a pour but notamment d'améliorer l'efficacité des équipements et également de réduire les consommations en pointe (nécessitant d'appeler des centrales avec un coût de production de l'électricité plus élevés).

Le développement de la MDE présente plusieurs difficultés, la première étant celle la maximisation intertemporelle de l'utilité : les investissements et donc les coûts se font aujourd'hui pour des bénéfices qui sont aléatoires et étalés, souvent sur un temps long. La MDE se heurte ainsi à la préférence spontanée des agents pour le présent. Seconde difficulté, son caractère diffus. En effet, il revient à des acteurs privés de faire les investissements nécessaires à la réduction de leur consommation et ceux-ci n'agiront que si les signaux économiques envoyés sont cohérents. Un prix élevé de l'énergie est ainsi une possibilité : à travers des taxes l'État peut renchérir artificiellement le coût d'approvisionnement pour inciter les acteurs à s'équiper en appareils moins énergivores. Cette solution pose néanmoins de réelles questions d'équité sociale : tous les acteurs subissent la hausse mais seulement une partie d'entre eux ont les moyens de changer leurs équipements. Une hausse trop substantielle pourrait donc conduire à des phénomènes de rationnement et alimenter la précarité énergétique.

Une autre solution consiste alors en la subvention des investissements en faveur de la MDE. Ce sont les prêts garantis, les déductions fiscales et autres subventions à l'achat ou au retrait des équipements les plus polluants (prime à la casse par exemple en France). Ces solutions malgré leur efficacité ont néanmoins l'inconvénient d'être extrêmement onéreuses pour les finances publiques et d'organiser un transfert de richesse de l'ensemble des contribuables vers ceux qui ont les moyens d'investir dans des équipements généralement importants et onéreux (installation de panneaux solaires, rénovation thermique des bâtiments...).

Ce dernier exemple de la rénovation thermique des bâtiments est le principal défi de l'adaptation du système énergétique aux contraintes climatiques, ce qui est visible à travers l'exemple français. Les bâtiments y consomment ainsi 40 % de l'énergie finale et sont à l'origine de 23 % des émissions de gaz à effet de serre (Commissariat Général au Développement Durable, CGDD). Au-delà du coût prohibitif que représenterait la mise aux normes de l'ensemble des 34 millions de logements du parc immobilier français (dont le tiers a été construit avant 1949 et seulement 10 % a moins de 10 ans ; CGDD), un problème fondamental d'alignement des intérêts se pose dans le cas du logement locatif (42 % des ménages). En effet, si le propriétaire réalise les travaux, le locataire bénéficie des économies d'énergie sur ses factures et dans un marché immobilier concurrentiel, il n'est pas évident que le premier puisse répercuter ses frais sur le second.

Toutes ces difficultés, difficilement contournables, sont à l'origine des certificats d'économie d'énergie mis notamment en œuvre en France. Plutôt que de viser les consommateurs finaux, trop diffus, la mesure se concentre sur les fournisseurs d'énergie, plus facilement identifiables et contrôlables. Une obligation leur est conférée de réaliser des économies d'énergie, au prorata de la quantité d'énergie qu'ils vendent. Pour chaque opération réalisée, ils obtiennent un certificat d'économie d'énergie (CEE) et doivent présenter à la fin d'une période de trois ans aux pouvoirs publics un nombre de CEE équivalent à leur obligation, sous peine d'amende. Ils peuvent s'échanger entre eux ces différents CEE ou en acheter auprès d'autres acteurs ayant réalisé des opérations pour économiser de l'énergie. À rebours de leur métier original, les fournisseurs ont ainsi un encouragement financier à inciter leurs clients à réduire leurs consommations.

Ces solutions sont locales et ne répondent pas fondamentalement aux enjeux mondiaux du changement climatique qui nécessitent un accord international particulièrement long et complexe à faire émerger. Néanmoins, elles sont essentielles pour démontrer au reste du monde la faisabilité technico-économique d'une réduction importante des émissions. Elles permettent également de positionner les pays historiquement responsables de la pollution dans une meilleure position de négociation. En acceptant d'absorber les coûts de recherche et développement ainsi que ceux liés à la création et à la calibration des mécanismes régulatoires et de marché, l'Europe (notamment) contribue à rendre accessibles ces solutions à un coût économiquement plus abordable pour les pays en développement.

Chapitre 5

Les défis du futur

L'innovation a toujours joué un rôle central dans les industries de l'énergie remettant en cause leurs organisations, créant des opportunités d'activités et de profit, modifiant les comportements des consommateurs et les stratégies des firmes. Aujourd'hui, les défis environnementaux et énergétiques se multiplient et appellent des réponses où l'innovation joue un rôle clé. Cette dernière peut être incrémentale, par exemple avec l'amélioration progressive des technologies d'extraction, ou disruptive. Dans ce dernier cas, le changement est susceptible de remettre en cause les grands équilibres de marché ou d'en créer de nouveaux. Un des principaux défis auxquels l'innovation devra répondre est celui de l'accès à l'énergie. En pleine application du trilemme, sécurité d'approvisionnement, environnement et compétitivité, la question sociale joue un rôle clé. Elle connaît deux déclinaisons : à l'échelle mondiale, à travers l'accès à des formes modernes d'énergie au plus grand nombre, à l'échelle nationale, à travers la lutte contre la précarité énergétique.

I Innovation et énergie

1. Rappel historique

Historiquement, les révolutions industrielles reposent en partie sur des innovations liées à l'énergie. En 1769, la mise au point de la machine à vapeur par J. Watt, a permis pour la première fois de remplacer efficacement la force animale. Le charbon s'est substitué progressivement au bois comme source d'énergie. Lors de la seconde révolution industrielle, l'électricité a été de plus en plus développée notamment grâce à sa production hydraulique. En 1886, l'utilisation du pétrole n'est plus limitée aux lampes avec l'apparition des moteurs à essence. Tous les secteurs économiques ont alors bénéficié de ces innovations avec les conséquences que nous connaissons : essor des machines, industrialisation, développement des mines de charbon, accroissement de la productivité... Les transports (des hommes et des marchandises) ainsi que les communications sont considérablement améliorées avec les bateaux à vapeur, le chemin de fer, le télégraphe puis le téléphone... des technologies liées à l'énergie.

Un des principaux défis auxquels l'innovation devra répondre est celui de l'accès à l'énergie. En pleine application du trilemme identifié entre la sécurité d'approvisionnement, l'environnement et la compétitivité, la question sociale joue un rôle clé. Elle connaît deux déclinaisons : à l'échelle mondiale, il s'agit de permettre l'accès à des formes modernes d'énergie au plus grand nombre, à l'échelle nationale, il s'agit de lutter contre la précarité énergétique.

Plus récemment, en amont de la chaîne de valeur du secteur de l'électricité, la concurrence et le besoin de réduire les coûts ont été accélérés par un bouleversement technologique. Les résultats des recherches ont permis le développement de centrales électriques à cycle combiné plus efficaces et plus petites que celles qui dominaient jusque-là. Avec les progrès techniques, les unités de production les moins onéreuses qui étaient des centrales de 200 MW dans les années cinquante, ont atteint plus de 1 000 MW au milieu des années quatre-vingts. Cette période de rendement croissant favorisait l'efficacité économique par des unités de production de taille toujours plus importante. Les avancées technologiques dans les turbines à gaz et cycles combinés ont permis de réduire la taille optimale des unités de production qui est aujourd'hui de 50 à 150 MW. Ces nouvelles turbines se diffusent de façon croissante dans l'industrie électrique : leurs commandes représentaient en 1998 environ 50 % du marché mondial des centrales thermiques au lieu de 15 % en 1985. En effet, dès que le coût des nouveaux systèmes devient plus faible que les coûts opérationnels des centrales traditionnelles, les nouvelles unités de production sont développées. La réduction des tailles optimales des centrales électriques s'est accompagnée du développement d'unités de quelques kilowatts (moins de 5 MW) pour des usages locaux. Les récents progrès techniques ont favorisé l'émergence des unités qualifiées de production distribuée. Ce terme s'applique à différentes techniques de production d'électricité près des lieux de consommation. Ces technologies comprennent principalement les microturbines, les petits moteurs (diesel, à vent…) et les piles à combustibles. Les unités de production distribuée représentent non seulement une solution alternative de plus en plus compétitive pour la production d'électricité, mais disposent également d'avantages indéniables sur les systèmes traditionnels. De petites unités clé en main, requérant un espace réduit, non polluantes et silencieuses, procurent aux consommateurs, et à tout acteur, la capacité technique de posséder sa propre source de production d'électrons.

2. Impacts des innovations

Les innovations continuent de transformer le monde de l'énergie. La baisse des coûts de production des matériels solaires et photovoltaïques en est une illustration. Les nouvelles technologies permettent des économies d'échelle et des effets d'expérience. Sans ceux-ci, les énergies renouvelables n'auraient pas eu d'espoir d'être compétitives. En amont, pour l'exploration-production, les techniques ont fortement évoluées avec la sismique 3D, les forages en eaux profondes, les technologies de forage assisté… qui permettent d'aller chercher et récupérer des hydrocarbures plus loin et en plus grande quantité. L'essor des forages horizontaux et de la fracturation hydraulique couplé à des prix élevés du gaz et du pétrole ont permis le développement des ressources non conventionnelles aux États-Unis.

Essor des ressources non conventionnelles aux États-Unis

Le caractère « non conventionnel » des hydrocarbures produits aux États-Unis est lié à l'exploitation et non à la nature chimique. Le mérite de l'essor de ces ressources revient à des entreprises innovantes, privées, de taille réduite, qui ont saisi l'occasion de la flambée des prix sur une dizaine d'années pour développer deux technologies de récupération des hydrocarbures. La fracturation hydraulique consiste à injecter à très haute pression un mélange d'eau, de sable et de produits chimiques afin de libérer le gaz ou le pétrole prisonniers. Le forage horizontal permet d'accéder à des gisements de petites dimensions et souvent intouchables par forage vertical. Ces deux techniques ont permis d'accéder à des ressources que l'on ne savait pas récupérer jusqu'alors à un prix abordable.

☞

☞

Dès 2003, de petits producteurs indépendants ont commencé à les développer. En 2008, les « majors » rejoignent le marché et se lancent également dans une vague de rachat des petites compagnies. En 2003, moins de 2 000 puits horizontaux étaient en activité, en 2013 il en existe plus de 45 000 (soit 20 fois plus).

Au-delà des facteurs fondamentaux prix et technologie, d'autres éléments s'ajoutent pour expliquer le rapide développement de la production. Le gouvernement a facilité l'essor des ressources non conventionnelles avec une fiscalité attractive. En outre, le régime minier juridique américain est souple. La rentabilité rapide et élevée des investissements a été assurée en parallèle par les liquides et les pétroles associés aux gaz non conventionnels. Les fonds d'investissements ont alors été attirés par les compagnies dans le secteur.

Le Président américain, Barack Obama, a entamé son second mandat en 2012 avec un programme énergétique axé sur les énergies fossiles, via le recours aux ressources non conventionnelles, avec la reconquête progressive d'une large autonomie comme perspective plausible. L'inversion de tendance est déjà actée : entre 2008 et 2013, le taux de dépendance externe a été pratiquement divisé par deux et il pourrait avoisiner le zéro après 2030. A noter un essor des énergies renouvelables (principalement solaire et éolien) qui pourraient être la prochaine révolution vers le rêve d'une « Amérique verte » exprimé par B. Obama.

Source : Geoffron P. et Méritet S., « Effets internes et externes du développement des hydrocarbures non conventionnels aux États-Unis : bilan d'étape et perspectives », *Revue d'Économie Industrielle*, 2015

II Innovations disruptives

Même si l'aboutissement des efforts de R&D est par nature difficilement prévisible tant sur son contenu que sur son calendrier, il est aujourd'hui possible d'identifier quelques ruptures significatives qui en sont à divers stades de maturité dans leur émergence.

1. Réseaux intelligents

Fondation sur laquelle repose tout le système énergétique, les réseaux de transport et de distribution d'électricité et de gaz connaissent actuellement une profonde révolution à travers le monde du fait de l'irruption des ENR d'une part et du numérique d'autre part.

Initialement conçue pour acheminer la production de grandes centrales thermiques ou nucléaires vers les lieux de consommation (zones urbaines) et ensuite vers les consommateurs, l'architecture des réseaux électriques n'est pas prévue pour accueillir de la production au niveau local. Or les flux d'électricité sont désormais de façon croissante bi-directionnels au lieu des traditionnels flux amont-aval. L'accueil d'un nombre important d'installations énergies renouvelables (ENR) pose alors des problèmes de congestion des réseaux : comme l'électricité est produite de manière intermittente, des pics de production significatifs peuvent apparaître, qui ne sont pas forcément synchronisés avec les pics de consommation locaux. Le surplus d'électricité injecté sur le réseau et qui ne peut être absorbé par la demande locale doit alors être évacué sur d'autres zones de consommation. Si les pics de production locaux se multiplient, les réseaux peuvent être alors sous-dimensionnés pour les accueillir et les producteurs doivent être déconnectés (écrêtés) afin de garantir la sécurité des installations. Ces situations ont tendance à se diffuser en Europe, notamment en Allemagne où la multiplication des installations ENR n'a pu être suivie par les investissements dans les réseaux.

Deuxième rupture significative pour les réseaux, le numérique peut potentiellement réorganiser la chaîne de valeur du système énergétique. Les compteurs communicants permettent en effet de faire remonter de l'information en quasi-temps réel sur les consommateurs là où des relèves manuelles étaient auparavant nécessaires. En Europe, leur généralisation a été rendue obligatoire pour 2020 sous certaines conditions mais il s'agit d'un mouvement mondial. Au-delà de la simplification des opérations et de la facturation, l'intérêt de ces compteurs porte autant sur l'amont que sur l'aval.

Pour l'amont, ils permettent de faire émerger des réseaux intelligents, ou smart grids, capables de mobiliser de nombreuses flexibilités afin de répondre aux contraintes locales.

DÉFINITION

Flexibilités

Les réseaux électriques ne peuvent acheminer qu'une quantité définie d'électricité. Le problème des pointes de consommation et production locales est qu'elles menacent de dépasser les capacités d'accueil des réseaux, entraînant des coupures. Pour les prévenir, il est nécessaire d'investir pour renforcer les réseaux, ce qui présente un coût et des délais. Afin d'éviter le renforcement systématique, le numérique permet de faire émerger de nouvelles solutions : il permet notamment de synchroniser partiellement consommation et production grâce au recours à des batteries, à de l'effacement diffus, à de la production locale... On parle alors de flexibilités car elles évitent l'investissement.

Ainsi, les problématiques de pointe de consommation ou de demande pourront être mieux anticipées, voire partiellement évitées.

À l'aval du compteur intelligent, les consommateurs disposeront désormais de données précises sur leurs consommations, leur permettant de piloter leurs usages et de réduire leurs factures d'énergie.

2. Big data

Les gestionnaires de réseaux devraient disposer dans les années à venir de bases de données considérables sur les profils de consommation de tous les clients raccordés aux réseaux, consommateurs comme producteurs.

Celles-ci vont permettre l'émergence de nouveaux métiers et d'offre de création de valeur dont il est encore difficile d'estimer l'ampleur et le potentiel complet, tant le big data ouvre de possibilités.

Une des premières évolutions concrètes liées à l'émergence du numérique est l'apparition de l'effacement diffus.

DÉFINITION

L'effacement diffus

À l'origine l'effacement est une possibilité réservée aux grands sites électro-intensifs. Comme l'électricité ne se stocke pas, en cas de pointe de consommation, le responsable d'équilibre offre-demande peut demander à ces sites d'arrêter de consommer contre une rémunération prédéfinie. Le numérique permet de généraliser cette pratique à tous les consommateurs.

Par exemple, il peut permettre d'envoyer des signaux automatisés à un particulier pour lui demander de couper son chauffe-eau électrique pendant quelques instants lors du pic de consommation de fin de journée. Il s'agit d'effacement diffus, car concernant de très nombreux sites de consommation de petite taille.

Un nouveau métier apparaît alors, celui d'agrégateur d'effacement qui centralise tous ces effacements diffus pour revendre cette « non-consommation en période de pointe » sur les marchés de gros.

Mais les possibilités ouvertes sont beaucoup plus vastes et de très nombreux acteurs sont intéressés par ces données : fournisseurs pour calibrer leurs offres commerciales, équipementiers domestiques dont les appareils deviennent autant de thermostats intelligents et intègrent des déclencheurs automatiques, gestionnaires de données…

Au-delà du niveau du consommateur individuel, les données agrégées peuvent permettre d'améliorer la planification urbaine, notamment pour la gestion multi-fluide des réseaux et deviennent même facteur d'attractivité économique et technologique. Les collectivités territoriales sont particulièrement intéressées pour toutes leurs activités liées à l'énergie : éclairage public, réseaux de chaleur, électrification des transports publics, planification des travaux, déploiement des infrastructures de recharge des véhicules électrique sur la voie publique… Par le biais des données, les réseaux intelligents deviennent ainsi une brique essentielle de l'émergence des villes intelligentes.

Ces évolutions en sont encore à un stade expérimental mais progressent rapidement et le champ des possibles semble illimité. De nombreuses questions nécessitent encore des réponses, notamment en termes de confidentialité des informations ou de cyber-sécurité. De nouvelles organisations de marché doivent être déterminées avec une répartition des rôles claire : dans un marché européen où les activités de distribution et de fourniture sont séparées, il n'est ainsi pas envisageable que les fournisseurs aient accès à toutes les données des distributeurs.

D'un point de vue économique, il est nécessaire de trouver un équilibre entre la diffusion des données, nécessaire à la création de valeur, et le respect de la confidentialité de celles-ci car elles appartiennent in fine au consommateur et concernent sa vie privée. La réponse passe sans doute par une diffusion à des degrés de granularité différents suivant les acteurs concernés et avec l'autorisation expresse du consommateur.

De nouveaux acteurs apparaissent au niveau local autour du thème « smart » (réseaux, villes, immeuble, maison...) avec des propositions de valeur en devenir, reposant le plus souvent sur une exploitation des informations de consommations (courbe de charge, effacement diffus, équipement du foyer,...) et également la fourniture de services associés. Certains envisagent même des comparaisons de niveau de « smartness » avec un indicateur entre appartement, voiture, immeuble, et ville.

Convergence des chaînes de valeur

À la fin des années 90, le terme de convergence des chaines de valeur gaz-électricité est apparu dans l'énergie, du moins en Amérique du Nord. De nombreuses fusions-acquisitions étaient enregistrées entre les entreprises américaines de gaz naturel et d'électricité. De grandes sociétés vouées à la commercialisation conjointe d'énergie se constituaient. Elles ne vendaient plus une forme d'énergie spécifique mais de l'énergie. En cassant le monopole réglementé et la structure verticalement intégrée, des barrières à l'entrée disparaissaient. De nouveaux modèles économiques apparaissaient avec des entreprises qui offraient à la fois du gaz et de l'électricité. Une réintégration verticale avec la création d'une unique chaine de valeur s'opérait permettant des arbitrages de prix entre les énergies.

Aujourd'hui une nouvelle convergence de chaines de valeur s'opère entre l'univers du numérique et de l'énergie. Sous l'impulsion d'évolutions technologiques, de nouveaux modèles économiques apparaissent avec des entreprises qui offrent des services énergétiques. Le consommateur privé ou industriel aura accès à une offre sur mesure, adaptée à ses besoins et à ses moyens. Des clusters sources de création de valeur apparaissent : production distribuée, stockage sur site, maîtrise de la demande, objets connectés, véhicules électriques, compteurs intelligents...

3. Batteries pour stocker l'électricité

L'électricité n'est pas un bien stockable à un coût économiquement compatible avec les prix de marché. Cependant les technologies de batterie existent et se développent de manière rapide. Il n'est donc pas exclu que dans le futur elles deviennent rentables, ce qui remettrait fondamentalement en cause toute l'économie du secteur de l'électricité. Avec la multiplication de la production décentralisée, les batteries permettraient en effet de palier au moins partiellement aux problématiques d'intermittence et de synchronisation entre l'offre et la demande.

À plus court terme, la multiplication des véhicules électriques ouvre un potentiel important pour le secteur. Lorsqu'ils se rechargent, ces véhicules représentent en effet autant de batteries reliées au réseau. Lorsqu'un nombre suffisant est connecté, par foisonnement, il est possible alors de disposer localement de capacités de stockage et de charge/décharge qui représentent un gisement de valeur potentiel considérable, notamment pour les opérateurs d'effacement.

4. Capture et stockage du CO_2

La capture et le stockage du CO_2 (CSC) consiste à capter les émissions des centrales thermiques à flamme ou des sites industriels polluants et à les enfouir en sous-sol pour éviter leur rejet dans l'atmosphère. Cette technologie représenterait une rupture fondamentale car elle permettrait de disposer d'un charbon « propre », du moins pour la partie concernant sa combustion, alors qu'il s'agit de la ressource fossile la plus abondante et la mieux répartie dans le monde. De nombreux démonstrateurs ont été mis en œuvre, notamment en Allemagne et aux États-Unis afin de tester le potentiel de cette technologie. Pour l'instant de nombreuses questions demeurent néanmoins, en particulier en ce qui concerne la sécurité à long terme. Le transport du CO_2, extrêmement toxique à forte concentration, du lieu de production au lieu de stockage est complexe mais faisable. Par contre, la surveillance à long terme des stocks entreposés dans des couches géologiques profondes pose problème : l'évolution des roches au contact du CO_2 est mal connue et les risques de fuite dans les nappes phréatiques notamment est difficilement modélisable et dépend intrinsèquement de chaque lieu de stockage.

Au-delà de la maturité technique, la question de la rentabilité économique est également très forte tant que le prix du carbone reste faible. La tonne de CO_2 stockée revient environ à 55 \$ pour une centrale à charbon et 80 \$ pour une centrale à gaz (IEA, 2011), là où le prix d'un droit à polluer pour une tonne de CO_2 vaut environ 7 € courant 2015 (EEX, 2015).

5. Traitement des déchets nucléaires

Les centrales nucléaires développées depuis le début des années 1950 à travers le monde reposent toutes sur le principe de la fission nucléaire dans laquelle un neutron accéléré vient percuter un atome d'uranium 235. La collision divise le noyau de l'atome et libère de l'énergie et d'autres neutrons, ainsi que des produits de fission (barium-141 et krypton-92, deux isotopes radioactifs instables). Les trois neutrons libérés vont à leur tour percuter d'autres atomes d'uranium, créant ainsi une réaction en chaîne. L'énergie libérée lors du processus est récupérée via des circuits clos d'eau/vapeur qui viennent actionner des turbines pour générer l'électricité.

Le processus permet une production d'électricité continue dans des quantités extrêmement importantes. Un réacteur d'une centrale moderne a ainsi une puissance nominale de 1 600 MW (soit entre 4 et 8 centrales au gaz à cycle combiné, ou 80 éoliennes de 3 MW). La fission nucléaire a l'avantage de ne pas émettre de CO_2 contrairement aux centrales thermiques traditionnelles mais présente l'inconvénient de produire des déchets radioactifs à très longue durée de vie (plusieurs milliers d'années). En l'absence de solutions de traitement, la solution technique retenue pour la gestion de ces derniers est l'enfouissement sécurisé. Le principe de réversibilité a néanmoins tendance à se généraliser dans les pays disposant de stocks de déchets nucléaires.

L'équité intergénérationnelle et le principe de réversibilité

Les déchets radioactifs ayant une durée de vie très supérieure aux horizons temporels de nos sociétés, leur gestion pose des questions aigües d'arbitrages intergénérationnels. En effet, leur production est le résultat d'une création de richesse aujourd'hui, tandis que leur gestion représente un coût pour demain. Les générations futures paieront donc pour les consommations actuelles. Le principe d'équité entre les générations présentes et futures peut néanmoins être respecté en supposant que la gestion de ces déchets représentera un poids économique moindre pour les générations à venir, c'est-à-dire que le progrès technique permettra de trouver des solutions pérennes pour leur traitement. Il est également respecté si la création de richesse rendue possible par la création de ces déchets est supérieure à leur coût.

En tout état de fait, il est impossible de prévoir aujourd'hui comment les générations futures gèreront ces déchets. Le principe de réversibilité intervient donc pour leur permettre de revenir sur les choix techniques effectués par la génération présente. Concrètement cela signifie par exemple que les stockages souterrains en couche profonde sont conçus pour rester accessibles pendant des centaines d'années afin que les déchets puissent en être extraits et éventuellement retraités.

6. Développement de la fusion nucléaire

Alternative théorique à la fission, la fusion nucléaire se produit lorsque du deutérium et du tritium, deux isotopes de l'hydrogène, entrent violemment en collision et forment de l'hélium en libérant une très importante quantité d'énergie et un neutron. Néanmoins l'apport en énergie pour pouvoir initier la fusion nucléaire est lui aussi colossal : il est en effet nécessaire de maintenir un plasma (un gaz chaud électriquement chargé) à environ 150 millions de degrés Celsius.

Pour cela un Tokamak est nécessaire, structure en forme de tore dans laquelle le plasma est confiné grâce à des champs magnétiques extrêmement puissants. Le neutron produit par la fusion des atomes étant électriquement neutre, il ne sera pas arrêté par ces champs magnétiques mais par les parois du Tokamak, emportant avec lui 80 % de l'énergie produite par la réaction de fusion. Il transfèrera cette énergie aux parois sous forme de chaleur, qui à son tour pourra être exploitée pour produire de la vapeur, puis de l'électricité.

Ce processus a l'avantage, à l'inverse de la fission, de ne produire aucuns déchets radioactifs. Là où une centrale à charbon de 1 000 MW consomme 2,7 million de tonnes de combustible par an et émet des gaz à effets de serre, un réacteur à fusion ne consomme qu'une quantité très réduite de deutérium, abondamment présent à l'état naturel dans l'eau de mer par exemple, et de tritium – plus rare et complexe à produire mais qui pourrait à terme être généré par la réaction de fusion elle-même dans une enceinte spécialement conçue (source ITER). La fusion ne produit que de l'hélium, un gaz sans danger et ne présente aucun risque de réaction non maîtrisée comme un réacteur à fission. Toute modification des conditions du plasma entraine en effet un refroidissement quasi-instantané et l'arrêt de toute réaction.

Les premières réactions de fusion contrôlée dans des plasmas ayant déjà eu lieu, l'enjeu technologique de la fusion aujourd'hui est de parvenir à atteindre le point où le plasma produit plus d'énergie qu'il n'en a fallu pour le créer et le maintenir. À terme le but est que les fusions puissent maintenir le plasma à la bonne température, sans alimentation extérieure en chaleur, et dégager un surplus d'énergie.

International Thermonuclear Experimental Reactor

Le programme ITER est une collaboration scientifique internationale dont le but est de démontrer la faisabilité et de tester un réacteur à fusion capable de générer dix fois plus d'énergie qu'il n'en a reçu. Son objectif est de rendre possible l'exploitation industrielle et commerciale de cette énergie.

L'initiative est née en 1985 quand l'Europe (via Euratom), les États-Unis, l'Union soviétique et le Japon ont décidé de s'associer pour développer l'exploitation pacifique de la fusion. Ils ont ensuite été rejoints par la Chine et la Corée en 2003, puis par l'Inde en 2005. La conception définitive du réacteur a été adoptée en 2001 et chaque État membre contribue à sa construction grâce à des apports en nature. Les technologies et savoir-faire sont ainsi partagés entre tous. Le choix a été fait en 2005 d'implanter le réacteur à Cadarache, dans le sud de la France. Après ratification de l'accord officiel signé en 2006, l'organisation ITER a officiellement vu le jour en 2007.

La construction du réacteur et l'assemblage du réacteur ont commencé et devraient aboutir en 2019, avec un premier plasma prévu en 2020 et une première fusion en 2027.

Source : ITER

Il serait sans doute vain d'essayer de lister de manière exhaustive les innovations qui peuvent bouleverser profondément le secteur de l'énergie à moyen terme tant celles-ci sont nombreuses : fusion nucléaire avec ITER, arrivée à parité réseau des ENR, développement des énergies marines…

Et c'est sans doute là la conclusion la plus forte qu'il faudrait tirer de ce tour d'horizon du secteur de l'énergie au début du XXIe siècle. Celui-ci est en effet en train de vivre un changement de paradigme, passant d'un modèle globalisé, stable, centralisé, de long terme à une situation beaucoup plus protéiforme, instable et incertaine dans laquelle les grands acteurs, États ou entreprises, perdent l'influence qu'ils ont pu avoir de par le passé. Que ce soit l'OPEP remise en cause par les producteurs non-conventionnels, ou les éoliennes poussant à l'ombre des centrales à charbon, l'avenir est probablement aux solutions hybrides où l'intelligence, et donc le numérique et les données, occupent une place centrale dans un éco-système profondément renouvelé et élargi.

III Pauvreté et précarité énergétique

1. Accès à l'énergie

Alors que les questions autour de l'énergie tournent essentiellement autour des « transitions énergétiques » et de la décarbonation des mix de production, à l'échelle mondiale et pour plus du quart de l'humanité, la question est encore celle de l'accès à des formes modernes d'énergie. Au début du XXIe siècle, 1,4 milliard d'êtres humains n'ont pas accès à l'électricité, soit 18 % de la population mondiale et 38 % n'a pas accès à des installations de cuisine propres (PNUD, AIE). L'essentiel de ces populations (95 %) sont concentrées dans les pays d'Afrique sub-saharienne et en Asie. Cette proportion demeure relativement stable car malgré les efforts importants déployés pour l'électrification, la croissance démographique efface la plupart des gains.

D'un point de vue global, cette situation interroge très fortement sur les moyens à employer pour permettre un accès à l'énergie pour les populations concernées. En effet, les moyens de production les moins onéreux qui permettraient de réduire massivement la pauvreté énergétique sont aussi les plus polluants. Il s'agit notamment des centrales à charbon ou au fuel dont la multiplication, particulièrement en Chine, a accompagné les formidables progrès socio-économiques des trente dernières années. La soutenabilité environnementale de ce mode de développement est notamment au cœur des débats sur les négociations climatiques.

Afin de sortir de l'arbitrage insoluble entre développement et pollution, les Nations Unies ont lancé en 2011 l'initiative *Une énergie durable pour tous* (« Sustainable Energy for All ») structurée autour de trois grands objectifs à atteindre pour 2030 :

– Fournir un accès universel à des services énergétiques modernes ;

- Doubler le rythme d'amélioration de l'efficacité énergétique ;
- Doubler la part des ENR dans le mix énergétique mondial.

Au total 102 pays et l'Union européenne se sont associés à l'initiative. Les principales mesures du programme visent à aider les pays concernés à faire évoluer la régulation de leur secteur de l'énergie. Il les accompagne dans la mise en place des incitations permettant aux initiatives privées de développer un accès à l'énergie propre. L'accent est ainsi mis sur la construction de réseaux locaux en autonomie énergétique (micro-grids) et la diffusion des moyens de production décentralisés, permettant une électrification des zones rurales, souvent concernées au premier chef.

2. Précarité énergétique

Le concept même de précarité énergétique (cf. chapitre 3) est évanescent : s'il correspond à une réalité empirique établie et subie par des millions de personnes à travers le monde, sa quantification exacte est extrêmement complexe car le phénomène recouvre une réalité protéiforme.

DÉFINITION

La précarité énergétique

« Est reconnue en situation de précarité énergétique une personne dont les revenus ne permettent pas ou plus de faire face à ses besoins pour se chauffer et s'éclairer, vivant dans un logement bien souvent énergivore. »

Source : Observatoire National de la Précarité Energétique

La définition officielle retenue est suffisamment large pour couvrir des phénomènes très différents et se concentre sur la dimension « logement » de la précarité énergétique, n'incluant que de manière indirecte sa composante « transports » par exemple. Le seuil arbitraire auquel la plupart des auteurs et institutions font référence est celui de 10 % des revenus d'un ménage consacrés aux dépenses énergétiques. Au-delà de ce niveau, on considère que le ménage est en situation de précarité énergétique. Si l'insalubrité thermique des logements en Europe est la principale cause de précarité, de nombreux autres facteurs peuvent y contribuer : hausse du prix de l'énergie, hausse des dépenses contraintes (loyers, transports…), pertes de revenus… Chaque situation présente ses spécificités : des ménages avec un niveau de revenu identique et des conditions de logement similaires peuvent se trouver en situation de précarité énergétique, ou non, suivant leur lieu de résidence. Malgré une réalité sociale tangible, il est extrêmement complexe de faire émerger un profil type de la précarité énergétique.

Un phénomène complexe à caractériser l'est encore plus à prendre en charge. Dans le débat public depuis les premiers travaux de l'économiste anglaise Brenda Boardman en 1991, la précarité énergétique fait l'objet de nombreuses mesures de prise en charge par les pouvoirs publics. Pour schématiser, deux grands types de mesures sont à la disposition des responsables politiques pour répondre à la précarité énergétique. D'une part, les approches de solvabilisation de la demande visent à permettre aux ménages concernés de consommer l'énergie dont ils ont besoin, ce qui peut prendre la forme de « chèques énergie » par exemple. Distribués directement aux ménages identifiés, ils leur permettent de s'approvisionner aux prix du marché, en réduisant le poids de la consommation sur leur budget. Cette approche a l'avantage de permettre une grande personnalisation de l'aide en répondant aux besoins individuels des ménages concernés mais nécessite une organisation administrative lourde et de proximité pour sa mise en œuvre.

Une seconde approche concerne la subvention de l'offre. Celle-ci peut prendre des formes très diverses. Ainsi, de nombreux pays en développement ont en place des mécanismes de subvention des hydrocarbures, déconnectant les prix payés par les consommateurs des prix internationaux. Ces mécanismes ont l'avantage immédiat de permettre un accès plus grand à l'énergie mais peuvent devenir extrêmement onéreux si les prix de marché fluctuent de manière importante par rapport aux prix subventionnés. Le montant global de la subvention n'est ainsi pas maîtrisable par la puissance publique si celle-ci s'engage sur un prix fixe de l'énergie et dépendra des cours de marché. Ils créent de plus une dépendance économique à la subvention de la plupart des acteurs et ils sont de fait complexes à résorber. De plus, non ciblés, ils bénéficient de manière indiscriminés à tous les acteurs de l'économie, créant des effets d'aubaine. Si les plus vulnérables peuvent accéder à la consommation, les plus riches et les entreprises peuvent adopter des comportements de surconsommation, l'équilibre offre-demande du marché étant artificiellement maintenu à un niveau de prix trop bas.

L'équilibre offre subventionnée – demande

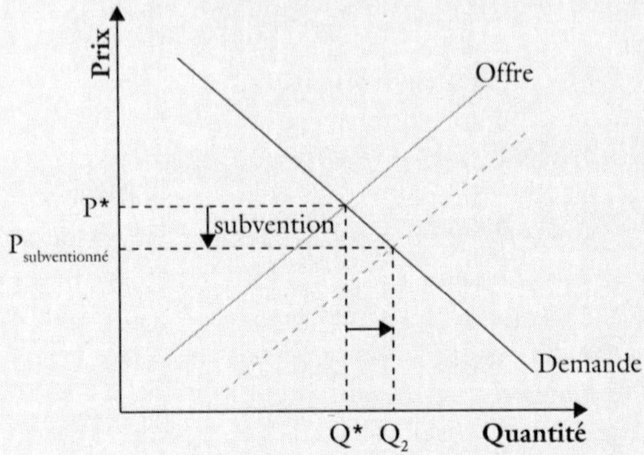

Une baisse des prix de P* à $P_{subventionné}$ mène à une hausse de la consommation de Q* à Q_2. Cependant, cette hausse de la consommation peut se diviser en deux effets distincts : une partie est imputable à la demande des acteurs qui se rationnaient du fait de prix trop élevés, une autre à l'effet d'aubaine pour les acteurs solvables qui consomment plus.

Afin de palier ce défaut du mécanisme, il est également possible d'hybrider les deux types de solutions. Il s'agit de l'option notamment retenue pour les tarifs sociaux de l'énergie mis en place dans un certain nombre de pays, dont la France (cf. chapitre 3). Dans ces cas, les tarifs subventionnés sont réservés à une certaine catégorie de la population, sur la base de critères sociaux. La subvention crée donc un transfert de richesse en faveur des ménages autrement exclus du marché. La question devient alors celle du financement de la subvention, généralement assuré par une taxe prélevée sur les consommations d'énergie (la CSPE en France (cf. chapitre 3)) et du calibrage de la mesure afin que la subvention ne renchérisse pas significativement le prix de l'énergie pour les autres acteurs du marché.

Conclusion

Nos économies modernes sont fortement dépendantes du secteur énergétique. La tendance n'est pas prête de s'inverser. Traditionnellement, la politique énergétique a d'abord répondu à des considérations nationales. La Première Guerre mondiale a consacré le pétrole comme une fourniture militaire éminemment stratégique pour l'armée. La sécurité des approvisionnements pétroliers est devenue la priorité des politiques énergétiques. Le premier choc pétrolier a confirmé le rôle fondamental du pétrole. L'accès aux sources d'énergie est devenu en un siècle un enjeu stratégique pour le fonctionnement de l'économie et, par voie de conséquence, un élément majeur dans les politiques nationales et les relations internationales.

> « Les Occidentaux… se sont évertués, passant de la bougie à la lampe à pétrole, du pétrole au bec de gaz, du gaz à l'éclairage électrique, à traquer le moindre recoin, l'ultime refuge de l'ombre. »
>
> Tanizaki Junichiro, *Éloge de l'ombre*, 1933.

L'électricité a représenté un facteur important dans l'édification des économies modernes qui sont de plus en plus dépendantes de cette énergie. Les orientations idiosyncratiques de chaque pays en matière de technologie de production sont un exemple illustrant les choix économiques associés à une concurrence entre différentes chaînes de valeur énergétiques. Aujourd'hui, l'accès à l'électricité correspond à l'accès à la modernité. Selon le Programme des Nations Unies pour le Développement (PNUD), 1,4 milliard de personnes ne disposent pas de l'électricité et un milliard de plus n'ont accès qu'à des réseaux non fiables. Au total ce sont trois milliards de personnes qui ont recours à des énergies fossiles de base (biomasse, charbon) pour subvenir à leurs besoins basiques. Il y a là un enjeu considérable de développement pour l'humanité, conjugué à un colossal défi environnemental : l'accès de ces populations à une électricité qui serait produite avec des méthodes aussi polluantes qu'actuellement entraînerait une aggravation significative des émissions de GES. C'est la raison pour laquelle le PNUD favorise les initiatives liées à la production décentralisée, sur la base d'énergies renouvelables (ENR) pour résorber la pauvreté énergétique. D'après ses calculs, avec un investissement équivalent à 3 % des investissements totaux dans le secteur de l'énergie, l'accès à des services énergétiques modernes serait atteignable en 2030.

Que fait-on avec 1 kWh ?

- 0,5 h de sèche-cheveux.
- 1 heure de fonctionnement d'un radiateur de 1 000 W.
- 1 cycle de lave-linge.
- 3 à 5 heures de télévision.
- 1 journée de réfrigérateur.
- 4 mois environ de smartphone.

La consommation d'électricité de la France en 2014 était de 465,3 TWh

Source : données EDF

La science économique, par l'étude de l'allocation des ressources rares, procure un des prismes potentiels pour l'analyse des secteurs de l'énergie. L'économie de l'énergie apporte des outils et concepts issus de la microéconomie et de l'économie industrielle. Les problématiques énergétiques sont alors analysées sous l'angle de leurs implications économiques. Les réformes des secteurs énergétiques offrent un champ d'étude riche pour la recherche. La définition des politiques énergétiques des pays incite à la réflexion sur l'avenir. La géopolitique de l'énergie amène à nous interroger sur notre futur économique et environnemental.

L'évolution récente de l'industrie mondiale s'accompagne clairement d'une complexité croissante : celle du cadre réglementaire, de l'environnement économique, politique et géopolitique. Ces complexités créent des risques et des incertitudes que les acteurs énergétiques doivent apprendre à gérer.

La compréhension des industries de l'énergie passe par des définitions claires tant au niveau des unités que des principes techniques, ainsi que par la connaissance du passé. Nul ne saurait comprendre les défis actuels des industries de l'énergie sans connaître l'histoire de ces industries : pétrole, gaz, charbon et uranium.

Les réformes engagées dans les industries de réseaux modifient les structures et les comportements des entreprises. Le triptyque traditionnel d'Économie Industrielle « Structures – Comportements – Performances » prend toute sa signification. Les mesures de dérégulation et de libéralisation transforment les règles du jeu des industries, donc les structures, avec l'introduction de forces concurrentielles sur certains segments d'activités selon des modalités variées. Les firmes doivent s'adapter à un nouvel environnement concurrentiel auquel elles n'étaient pas préparées. Elles modifient leurs comportements. Les autorités veillent à ce que les tendances à la collusion ne soient pas plus fortes que les tendances à la concurrence. La séparation des activités de réseaux des activités de production et de fourniture, i.e. la séparation des activités des entreprises verticalement intégrées qui ont caractérisé le secteur de l'énergie pendant la seconde moitié du XXe siècle, a soulevé de nombreuses questions qui n'ont pas encore toutes trouvé leur réponse. L'Économie Industrielle fournit des outils pour s'y confronter.

En effet, depuis plusieurs années, les entreprises du secteur de l'énergie font face à des mutations profondes : ouverture à la concurrence de la fourniture d'électricité et de gaz, évolution de la régulation des activités de réseaux, développement des marchés de gros induisant une forte volatilité des prix, obligations réglementaires de plus en plus contraignantes liées aux émissions de gaz à effet de serre, aux énergies renouvelables et aux économies d'énergie… Les réformes engagées entraînent l'essor de nouvelles formes de concurrence, avec des règles de fonctionnement des marchés transformées, l'entrée de nouveaux acteurs facilitée et le comportement des firmes en place modifié. Au-delà d'une « simple » ouverture à la concurrence, nous sommes en présence d'une transition entre deux états réglementaires, transition qui suppose des opérations aussi diverses qu'une désintégration verticale de l'activité, la cession de certains actifs publics au privé, la garantie d'un accès non discriminatoire au réseau de transport, engagées dans le cadre de contraintes de coordination technico-économiques drastiques. Le point d'atterrissage n'est pas pour autant clair ou consensuel. Au bout de ce processus, il ne saurait être question d'un *free market* pur et la définition des fonctions du régulateur sectoriel est un enjeu central qui implique, dans l'agenda, de délimiter des espaces réglementaires pertinents (ou de formes de coopérations entre régulateurs nationaux), de préciser les complémentarités avec l'action des autorités de la concurrence ou bien encore, selon les situations locales, d'envisager des dispositifs de réglementation asymétrique.

L'État est un acteur très présent dans le monde de l'énergie qui a conservé malgré les réformes un certain nombre de missions régaliennes traditionnelles. Dérèglementer ne veut pas dire ne plus avoir de règle. Le rôle de l'État, tel que nous l'avons présenté, porte principalement sur deux dimensions : piloter le bouquet énergétique et chercher la sécurité des approvisionnements. La légitimité de l'intervention repose également sur l'arbitrage des enjeux à long terme avec la sécurité d'approvisionnement. Celle-ci est au centre des préoccupations des gouvernements pour défendre des intérêts privés et publics.

L'attention est aujourd'hui tournée vers l'Amérique du Nord et l'Asie qui voient leurs situations énergétiques modifiées. Avec leurs productions et réserves de ressources non conventionnelles, les États-Unis, annoncés comme les plus grands importateurs d'énergies fossiles, regagnent désormais leur indépendance énergétique et seront même exportateurs à très courte échéance. Le centre de gravité de la consommation énergétique s'est déplacé vers l'Asie où la demande est très forte, principalement en Chine et en Inde. L'Union européenne, quant à elle, fait face à une dépendance croissante des importations d'énergie. La Commission européenne cherche à développer une « Union de l'énergie » pour éviter les ruptures d'approvisionnement, en ayant accès à une énergie, à un prix abordable, et en limitant l'impact sur l'environnement.

Les Européens concentrent leurs efforts sur l'amélioration de l'efficacité énergétique. En effet, face à une concurrence américaine dopée par une énergie à bas coûts, au moment où le développement des renouvelables tire ceux de l'Europe vers le haut, la réplique ultime relève nécessairement de la recherche du meilleur niveau d'efficacité énergétique. Le secteur manufacturier de l'Union européenne a déjà entamé, au fil des dernières décennies, des restructurations visant à diminuer l'intensité énergétique, efforts qui ont a partiellement atténué la hausse des prix de l'énergie et devront être poursuivis.

Les nouvelles technologies, les mesures d'efficacité énergétique et la modernisation des infrastructures contribueront à réduire les factures énergétiques des ménages européens, à créer de nouvelles compétences et à stimuler la croissance. Les trois mots clés du trilemme de la politique énergétique européenne demeurent au centre des discussions. Faire converger sécurité d'approvisionnements, objectifs climatiques et compétitivité est devenu de plus en plus compliqué avec une articulation parfois déficiente entre mesures nationales et mesure européennes. Les défis environnementaux et énergétiques se multiplient et appellent des réponses où l'innovation peut jouer un rôle clé aussi bien au niveau des infrastructures, services proposés, *business models*, produits, modes de production… À nous tous d'être innovants !

Annexe

Tableau 1 – **Consommation mondiale d'énergie par grandes zones (2013)**

	En Mtep*	% de la consommation mondiale
Consommation mondiale d'énergie	12 730,4	
Amérique du Nord	2 786,7	21,8 %
Canada	332,9	2,6 %
États-Unis	2 265,8	17, 8 %
Amérique latine	673,5	5,3 %
Brésil	284,0	2,23 %
Asie-Pacifique	5 151,5	40,5 %
Chine	2 852,4	22,4 %
Inde	595,0	4,7 %
Moyen-Orient	785,3	6,2 %
Afrique	408,1	3,2 %
Europe et Eurasie	2 925,3	23,0 %
Russie	699,0	5,5 %
Union européenne	1 675,9	13,2 %
France	248,4	1,9 %
Allemagne	325,0	2,5 %
Royaume-Uni	200,0	1,6 %

* Mtep : Millions de tonnes équivalent pétrole

Source : données BP (2014), Statistical Review of World Energy

Tableau 2 – **Coûts de production électricité en France en 2013**

	Coûts de production en €/Mwh
Hydraulique	15-20
Nucléaire	49,5

☞

☞

	Coûts de production en €/Mwh
Thermique charbon – gaz	70-100
Éolien terrestre	82
Éolien en mer	+220
Photovoltaïque (moyennes installations)	229
Photovoltaïque (petites installations)	370

Source : données EDF

Tableau 3 – **Capacité de production centrale électrique en 2013**

	En moyenne
Centrale thermique	
charbon	250 MW à 600 MW
fioul	600 MW
cycle combinés	400 MW
Centrale nucléaire	1 000 à 1600 MW

Source : Donnée France 2013

CHIFFRES CLÉS

Origine importations pétrole en France :
Afrique subsaharienne (34,8 %), Russie (30,1 %), Arabie Saoudite (18,1 %), Mer du Nord (12,4 %)

Origine importations gaz en France :
Norvège (40 %), Russie (20 %), Pays-Bas (15,4 %), Algérie (12 %), Qatar (3,6 %).

Origine importations de charbon en France :
États-Unis (25,5 %), Russie (17,2 %), Australie (16,6 %), Colombie (15,5 %), Afrique du Sud (13,3 %)

Consommation produits pétroliers : 73,2 Mtep

- Industrie (hors sidérurgie) : 4,8 Mtep
- Résidentiels tertiaires : 10,3 Mtep (dont résidentiels 6,8 Mtep))
- Agriculture : 3,5 Mtep

– Transports : 44,8 Mtep
– Non énergétique : 9,8 Mtep

Consommation d'électricité : 441 Twh

– Sidérurgie : 10 Twh
– Industrie (hors sidérurgie) : 107 Twh
– Résidentiels tertiaires : 303 Twh
– Agriculture : 9 Twh
– Transports urbains et ferroviaires : 13 Twh

Sources : données CGDD (2014), Données Chiffres clés de l'énergie Édition 2014

Tableau 4 – Producteurs et importateurs nets (en 2013 et en % monde)

	Pétrole brut	Gaz	Charbon
Producteurs	Arabie Saoudite (13,1 %)	États-Unis (19,8 %)	Chine (45,5 %)
	Russie (12,8 %)	Russie (19,3 %)	États-Unis (11,6 %)
	États-Unis (10,7 %)	Qatar (4,6 %)	Inde (7.8 %)
Net importateurs	États-Unis (21,5 %)	Japon (14,7 %)	Chine (25,2 %)
	Chine (13,1 %)	Allemagne (9 %)	Japon (15,4 %)
	Inde (9 %)	Italie (7,4 %)	Inde (14,0 %)

Sources : données Agence Internationale de l'Énergie (2015)

Tableau 5 – Quelques chiffres marquants

Pétrole	Consommation mondiale (en 2013) : 91.3 millions de barils/jour (mbj) Soit 1 057 barils par seconde !
Électricité	1 °C en moins entraîne une hausse de 2 100 MW à la pointe de consommation en France (source RTE)
Gaz	Le gaz naturel liquéfié est obtenu en refroidissant le gaz à -161 °C à pression atmosphérique, ce qui réduit son volume d'un facteur de près de 600 pour un même pouvoir calorifique.

Tableau 6 – **Énergies renouvelables (hors hydraulique) en Terawatt-hours et % du total monde**

	Éolien		Solaire		Biomasse	
Amérique du Nord	182,2	*29,0 %*	10,2	*8,1 %*	96,8	*20,1 %*
États-Unis	169,4	*27,0 %*	9,3	*7,5 %*	80,4	*16,7 %*
Amérique latine	9,5	*1,5 %*	0,3	*0,3 %*	71,0	*14,7 %*
Brésil	6,5	*1,0 %*	^	•	52,1	*10,8 %*
Europe & Eurasie	246,7	*39,3 %*	83,6	*67,0 %*	179,9	*37,4 %*
Russie	•	–	–	*0,6*	0,1%	
Union européenne	236,5	*37,6 %*	82,6	*66,2 %*	169,6	*35,2 %*
Royaume-Uni	27,4	*4,4 %*	2,0	*1,6 %*	18,7	*3,9 %*
France	15,2	*2,4 %*	4,6	*3,7 %*	6,2	*1,3 %*
Allemagne	53,4	*8,5 %*	30,0	*24,0 %*	47,8	*9,9 %*
Moyen-Orient	0,3	•	0,5	*0,4 %*	0,1	•
Afrique	3,6	*0,6 %*	0,4	*0,3 %*	3,6	*0,8 %*
Asie-Pacifique	186,0	*29,6 %*	29,8	*23,9 %*	129,9	*27,0 %*
Chine	131,9	*21,0 %*	11,9	*9,5 %*	45,9	*9,5 %*
Inde	34,8	*5,5 %*	0,5	*0,4 %*	16,5	*3,4 %*
Total Monde	628,2	*100,0 %*	124,8	*100,0 %*	481,3	*100,0 %*

Source : données BP (2014), Statistical Review of World Energy

Table des abréviations

ACER : Agence de coopération des régulateurs.

AIE : Agence internationale de l'énergie.

ATR : Accès des tiers au réseau.

BEPOS : Bâtiments autosuffisants ou à énergie positives.

Bcm : *Billion cubic meter*, milliard de mètre cube (10^9).

Btu : *British thermal unit.*

CCGT : *Combined Cycle Gas-Turbine*, centrale à gaz à cycle combiné.

CCNUCC : Convention-cadre des Nations Unies sur les changements climatiques.

CEE : Certificat d'économie d'énergie.

COP : Conférence des parties.

CRE : Commission de régulation de l'énergie.

CSC : Capture et stockage du carbone.

CSPE : Contribution aux charges de service public de l'électricité.

CTA : Contribution tarifaire d'acheminement.

EDF : Électricité de France

EIA : *Energy information administration.*

ELD : Entreprises locales de distribution.

ENR : Énergies renouvelables.

ENTSO-E : Réseau européen des gestionnaires de réseaux de transport de l'électricité.

ENTSO-G : Réseau européen des gestionnaires de réseaux de transport de gaz.

EPEX : *European power exchange.*

ERDF : Electricité réseau distribution France.

EU ETS : *EU Emissions Trading System.*

GES : Gaz à effet de serre.

GIEC : Groupe d'experts intergouvernemental sur le changement du climat.

GNL : Gaz naturel liquéfié.

GRT : Gestionnaires de réseau de transport.

GRD : Gestionnaires de réseau de distribution.

GWh : Gigawatt-heure (10^9).

HHI : *Herfindhal Hirschman Index.*

ITER : International thermonuclear experimental reactor.

kWh : Kilowatt-heure (10^3).

MBtu : Millions de British thermal unit.

MDE : Maîtrise de l'énergie.

MWh : Megawatt-heure (10^6).

OPEP : Organisation des pays producteurs de pétrole.

PNAQ : Plan National d'Allocation des Quotas.

PNUD : Programme des Nations Unies pour le Développement.

PNUE : Programme des Nations Unies pour l'Environnement.

RTE : Réseau de transport électricité.

Tec : Tonne équivalent charbon.

Tep : Tonne équivalent pétrole.

TFCE : Taxe sur la consommation finale d'électricité.

TURPE : Tarif d'utilisation des réseaux publics d'électricité.

TWh : Terawatt-heure (10^{12}).

WCI : *World Coal Institute.*

Index

Bibliographie

AGENCE INTERNATIONALE DE L'ÉNERGIE (AIE), *World Energy Outlook 2013*, IEA Publications, 2013.

AGENCE INTERNATIONALE DE L'ÉNERGIE (AIE), *World Energy Outlook 2014*, IEA Publications, 2014.

AKERLOF G., *The market for « lemons »: Quality Uncertainty and the Market Mechanism*, Quarterly Journal of Economics, vol. 84, n° 3, 1970.

AUTY R. M. *Sustaining development in mineral economies: the resource curse thesis*, Routledge, 1993.

BIEN F. & MERITET S., *Microéconomie, Les défaillances de marché*, Pearson, 2014.

BAUMOL W., PANZAR J. & WILLIG R. *Contestable Markets and the Theory of Industry Structure.* New York: Harcourt Brace Jovanovich, Inc, 1982.

BHATTACHARYYA S.C., *Energy Economics: Concepts, Issues, Markets and Governance*, 1st Edition, XXVI, 2011.

BOARDMAN B., *Fuel poverty: from cold homes to affordable warmth*, Belhaven Press, Londres, 1991, 267 pages.

BRUNDTLAND G.H., *Notre avenir à tous*, Commission Mondiale sur l'environnement et le développement, 1987.

CHAMPSAUR P., *Rapport de la commission sur l'organisation du marché de l'électricité*, 2009, http://actionnaires.edf.com/fichiers/fckeditor/File/Finance/investors/2009/090424-RapportChampsaur_vf.pdf

CHEVALIER J.M., *Les grandes batailles de l'énergie*. Gallimard, Folio Actuel, 2004.

CHEVALIER J.M & GEOFFRON P., *The new energy crisis: climate, economics and geopolitics*, Palgrave, 2013.

Chevalier J.M & Meritet S., « *Politique énergétique* », Encyclopédie Universalis, 2015.

Coase R., "*The problem of social cost*", Journal of Law and Economics, 3(1): 1-44, 1960.

CGDD (2009), *Données Chiffres clés de l'énergie*, Édition 2009.

CGDD (2014), *Données Chiffres clés de l'énergie*, Édition 2014.

Commission européenne, Communication au Parlement « Prix et coûts de l'énergie en Europe », *DG Énergie*, janvier 2014, p. 16.

Commission européenne, 2015, http://ec.europa.eu/clima/policies/ets/index_en.htm

Commission de Régulation de l'énergie, *La CRE et le prix de l'électricité sur les marchés de gros*, Bulletin bimensuel n° 11, novembre 2011.

Cultrera C., « *Les décisions GDF* », Competition Policy Newsletter n° 1, Commission Européenne, Bruxelles, 2005, 4 pages.

Derdevet M. *Énergie : Europe des réseaux*, Rapport, La Documentation française, 2015.

European Commission Competition DG, Sector Inquiry under Art. 17 Regulation 1/2003 on the gas and electricity market, Preliminary Report, Bruxelles, 16 Feb, 2006.

European environment agency, *Energy related greenhouse gas emissions*, EN 01, 2011, 10 pages.

Finkenrath M., *Cost and Performance of Carbon Dioxide Capture from power generation*, IEA, Working paper, Paris, 2011, 51 pages.

Franza L., *Long-term gas import contracts in Europe, The evolution in pricing mechanisms*, CIEP Papers, CIEP, 2014.

Geoffron P. & Meritet S. « Effets internes et externes du développement des hydrocarbures non conventionnels aux États-Unis : bilan d'étape et perspectives », *Revue d'Économie Industrielle*, 2015.

Gossuin L., *Development of Gas Hubs in Europe*, Fluxys, Huberator, 2007.

HANSEN J.P. & PERCEBOIS J., Énergie, *Économies et politiques*, De Boeck, Bruxelles, 2011.

HOTELLING H., *The Economics of Exhaustible Resources*, The Journal of Political Economy, Volume 39, Issue 2, Apr, 1931, p. 137-175.

HUBBERT M. KING, *Nuclear Energy and the fossil fuels,* Drilling and Production Practice, 56/95, American Petroleum Institute, Houston, 1956.

IPCC: *Climate Change 2014: Synthesis Report. Contribution of Working Groups I, II and III to the Fifth Assessment Report of the Intergovernmental Panel on Climate Change* [Core Writing Team, R.K. Pachauri and L.A. Meyer (eds.)], 2014.

JOSKOW P. & SCHMALENSEE R., *Markets for power: An Analysis of Electrical Utility deregulation*, MIT Press, Cambridge, Mass, 1983.

LEVEQUE F., « La mise en œuvre du droit de la concurrence dans les industries électriques et gazières - Problèmes et solutions », Concurrences, *Revue des droits de la concurrence*, n° 2, 2006.

MERITET S. & PHAM T., "Market power in power markets: The case of French wholesale electricity market", *Energy Studies Review*, 2015.

NEMBERY. D., "Predicting market power in wholesale electricity markets", EPRG Working Paper 0821, *Cambridge Working Paper in Economics*, 2008.

OLSON M.,"Logic of Collective Action: Public Goods and the Theory of Groups", Harvard Economic Studies, Harvard University Press, Cambridge, 1965.

ONPE, Premier rapport de l'ONPE, *Définitions, indicateurs, premiers résultats et recommandations*, Observatoire National de la Précarité Énergétique, 2014, 40 p.

PELTIER P. (Dir.), *Rapport du Groupe de Travail Précarité Énergétique*, Grenelle de l'environnement, Plan Bâtiment, 2009, 55 pages.

PERCEBOIS J., « La déréglementation du secteur gazier en Europe; leçons et perspectives », *Revue de l'*Énergie, n° 486, Mars- Avril, pp. 523-542, 1997.

PIGOU A. C., *The Economics of Welfare*, Macmillan and Co, 1932.

PNUD, *Universal Access to modern energy for the poor*, 2015, *http://www.undp.org/content/undp/en/home/ourwork/environmentandenergy/focus_areas/sustainable-energy/universal-access.html.*

SIDGWICK H., *The Principles of Political Economy*, MacMillan and Company, 1883.

U.S. DEPARTMENT OF ENERGY, *Liquefied Natural Gas*, National Energy Technology Laboratory, 2005.

VDKI, *Annual Report 2014, Facts and Trends 2013/2014*, Verein der Kohleimporteure, 2015.

WORLD COAL INSTITUTE, *Le charbon comme ressource*, 2009.

Données :

- Banque Mondiale (2015), World Development Indicators 2015 ;
- BDEW, Association allemande des industries de l'énergie et de l'eau ;
- BP (2014), Statistical Review of World Energy ;
- CGDD, Commissariat Général au Développement Durable, Service de l'Observation et des Statistiques ;
- EEX (2015), European Energy Exchange ;
- ENERDATA (2014), http://www.enerdata.net/enerdatafr/ ;
- EUROSTAT (2014), http://ec.europa.eu/eurostat/fr ;
- IMF International Monetary Fund Cross Country Macroeconomic Statistics ; http://www.imf.org/external/data.htm ;
- INSEE, Enquête logement 2006 ;
- Quandl, https://www.quandl.com ;
- RTE Réseau de Transport de l'Électricité (2014) ;
- The Florence School of Regulation Encyclopedia (Gas Wholesale Markets)
- The Shift Project – Data Portal
- US Department of Energy, http://www.energy.gov/data/open-energy-data/ ;
- US Energy Information Administration, http://www.eia.gov/.

Institutions consultées :

- Agence Internationale de l'Énergie ;
- Commission européenne ;
- BP ;
- CEA ;
- CRE ;
- EDF ;
- Engie ;
- Eon ;
- ERDF ;
- ITER ;
- Ministère de l'écologie, du développement durable et de l'énergie ;
- ONU – Convention-cadre des Nations Unies sur les changements climatiques ;
- ONU – Sustainable Energy for All
- RTE ;
- US Department of Energy ;
- US Energy Information Administration.

Économie - Gestion

Allard-Poesi F., *Management d'équipe,* 3e éd., 2012
Almeida (d') N., Libaert T., *La communication interne des entreprises,* 7e éd., 2014
Bardon P., Libaert T., *Le lobbying*, 2012
Bozzo C., *Le marketing industriel,* 2007
Brana S., Cazals M., *La monnaie,* 3e éd., 2014
Brasseur M., *Le coaching en entreprise,* 2009
Brée J., *Le comportement du consommateur,* 3e éd., 2012
Bressolles G., *L'e-marketing*, 2012
Cadin L., Guérin F., *La gestion des ressources humaines,* 4e éd., 2015
Catellani A., Sauvajol-Rialland C., *Les relations publiques*, 2015
Caumont D., *Les études de marché*, 4e éd., 2010
Caumont D., *La publicité,* 3e éd., 2012
Cocula F., *Introduction générale à la gestion,* 5e éd., 2014
Darpy D., *Le marketing,* 2e éd., 2015
Dejoux C., *Gestion des compétences et GPEC,* 2e éd., 2013
Dejoux C., *Management et leadership,* 2014
Delpal F., Jacomet D., *Économie du Luxe*, 2014
Eber N., *Théorie des jeux*, 3e éd., 2013
Fenneteau H., *Enquête : entretien et questionnaire,* 3e éd., 2015
Jolivot A.-G., *Marketing international,* 2e éd., 2013
Lai C., *La marque,* 2e éd., 2009
Lamarque É., Maymo V., *Économie et gestion de la banque*, 2015
Lapert D., Munos A., *Marketing des services,* 2e éd, 2009
Lebaron F., *Les indicateurs sociaux au XXIe siècle,* 2011
Léger J.-Y., *La communication financière*, 2010
Leroy F., *Les stratégies de l'entreprise,* 4e éd., 2015
Libaert T., *Introduction à la communication,* 2e éd., 2014
Libaert T., Johannes K., *La communication corporate,* 2010
Libaert T., *La communication de crise,* 4e éd., 2015
Libaert T., M.-H. Westphalen, *La communication externe des entreprises,* 4e éd., 2014
Lyonnet B., Senkel M.-P., *La logistique*, 2015
Marcon C., Moinet N., *L'intelligence économique,* 2e éd., 2011
Maugeri S., *Théories de la motivation au travail,* 2e éd., 2013
Maugeri S., *Gouvernances*, 2014
Mégard D., *La communication publique et territoriale*, 2012
Méritet S., Vaujour J.-B., *Économie de l'énergie*, 2015
Nizet J., Pichault F., *La coordination du travail dans les organisations*, 2012
Petr C., *Le marketing du tourisme*, 2e éd., 2015
Peypoch N., Botti L., Solonandrasana B., *Économie du tourisme*, 2013
Plane J.-M., *Théorie des organisations*, 4e éd., 2013
Poulon F., *La pensée économique de Keynes*, 3e éd., 2011
Urbain C., Le Gall-Ely M., *Prix et stratégie marketing*, 2009
Soparnot R., *Organisation et gestion de l'entreprise,* 2e éd., 2012
Stimec A., *La négociation*, 2e éd., 2011
Walliser B., *Le parrainage : sponsoring et mécénat,* 2e éd., 2010

73793 – (II) – OSB 80° – PCA – BGD
Dépôt légal : septembre 2015 – Suite du tirage : avril 2018

Achevé d'imprimer par Dupli-Print à Domont (95)
N° d'impression : 2018033400
www.dupli-print.fr

Imprimé en France